AF431223

سبع رسائل منقرضة
في بريد الفراغ

مجموعة قصصية

شريفة بدري

سبع رسائل منقرضة في بريد الفراغ

مجموعة قصصية

إصدارات دائرة الثقافة، حكومة الشارقة 2024م

الناشر: دائرة الثقافة ـ حكومة الشارقة ـ الإمارات العربية المتحدة

الهاتف: 5123333 6 971+

البرّاق: 5123303 6 971+

الموقع الإليكتروني: www.sdc.gov.ae

البريد الإليكتروني: sdc@sdc.gov.ae

تصميم الغلاف: ضياء الدين الدوش

———————

813.01
ز ج. س   زيدان، جيلان
سبع رسائل منقرضة في بريد الفراغ / جيلان زيدان .ـ الشارقة، الإمارات العربية المتحدة :
دائرة الثقافة، 2024.
100ص؛ 21 x 14سم.
البحث الفائز بالمركز الثالث بجائزة الشارقة للإبداع العربي في مجال القصص ، الإصدار الأول، الدورة 27،
.2023
1. القصص العربية القصيرة ـ مصر   -2   القصص العربية القصيرة
أ. العنوان
ب. جائزة الشارقة للإبداع العربي (27، 2023)

ISBN: 978-9948-762-874

ماذا نفعلُ عندما يكونُ السَّفرُ فضفاضاً عن جناحيْن؟
وعندما نتضاءلُ كظلٍّ في عُزْلة؟

في بريد الفراغ الأول

الرسالة الأولى
(رسالة من بُيوتٍ ورقيّة)

وِلدانٌ مرتبكون.. آباءٌ مخلّدون

(قالوا: أشعلَ النارَ في نفسِه، فجرى أهل القرية في مَجموعاتٍ كبُقعاتِ الزيتِ الزاحفة على وجه الماء نحو الحادث).

**

لم يحدث شيء.. بين يديّ الآن صينية كبيرةٌ مُذَهَبة، مزخرفةُ الأطراف، لها يدان مثبّتتان بلؤلؤتين كبيرتين في كلّ يد.

مُوزَّعٌ عليها أنواعٌ خاصة من "الجاتوه" والشوكولاتة الفاخرة بالبندق واللوز، وأنواع الكريم السويسرية، لا أعرف إن كان سويسريّاً أم لا، فأنا لم أذقْهُ من قبل، ولكن يبدو أنه أشهى وأحلى من كلّ الأنواع.

المكان هنا واسعٌ جدّاً، أوسعُ من قريتِنا بمحيطها غير المستخدم، ومزارعِها البعيدة، وتُرعتها التي كان الصغار يَعبرونها فوق صراطٍ رفيع من الخشب الهشّ المتعطش دوماً للمزيد من الماء؛ ليذهبوا لمدرستهم على الرافد الآخر، فيسمحُ الماءُ لعبورِ بعضهم ويَبتلع كلَّ حينٍ بفمهِ الواسعِ آخرين.

على مرمى البصر أشجارٌ عملاقة، ولكنها ليّنة، إن استندتُ إليها يغوص ظهري براحةٍ ورفقٍ وكأنه في جِلسة مساج بيد إحدى الكوريات المتقنات لكُنْه وأصول هذا العلاج.

الجُدُر المقابلة كأنّها هلام، لا تحتاج لدقّ الباب؛ لتعبرَ للصعيد الآخر، يمكنك العبور بمجرد النظر عبر جُدُر بلوريّة، تغوص في مَلمسها، فتتشتّتَ مع الضوء عبرها، ويُرسلكَ النور للجهةِ الأخرى.

كل ما عليك إن أردتَ شيئاً، أن تفكّرَ فيه، فتجد نفسك أمامه.

لا أظن كلّ أفعالك هنا تحدث في وقتٍ ما، فالوقت هنا لا يمضي ولا يروح ولا ننتظره. شيء غريب أشبهُ بالحلم بداخل حلمٍ، والحقيقةِ بداخلِ حقيقة، وكلاهما حلمٌ بداخلِ حقيقة.. كأنه الحلزون ملتفٌّ على نفسه، يترك البقع الفضيّة وراءه فقط عندما يمضي.

كل شيء هنا يشبه المارشميللو، طريّاً وهشّاً وملوّناً وحلواً جدّاً.

كيف أصفُ ذلك بمنتهى الأريحية، والسذاجة، وآكلُ وأشبعُ وأمتلئ ممّا لم أستطع جَلْبَه يوماً لبناتي الأربع؟

**

ستة عشر عاماً لم أستطع حَمْل مفاجأةٍ واحدةٍ لبناتي تُدخل عليهنّ البهجةَ الحقيقية، ولم أقدر على فرْشِ الآمال لمستقبلٍ أحلى في أرضٍ جميلة مزهرة، بدلاً من حمله على بساط مجهول رابضٍ لا يطيَر أبداً بالأحلام.

10

تفتح لي ابنتي الصغرى ذات الثلاث سنوات/ تقول: بابا جه بابا جه بابا جه..

وهذا أقصى ما يفعله بابا، وأقساه أيضاً، بابا يجيء فقط، بلا ملابس جديدة في العيد، بلا أقلام ملونة في بداية العام الدراسيّ، الحقيبة المدرسية أخيطها لتعبر معهن السنوات، وكأنها ميراث، أو تحفة أثرية في مزادٍ علیْنا الحفاظ عليها.

والملابس أيضاً تمر بقطار البنات حتى تصل للصغرى.

أعملُ عاملاً في هيئة السكك الحديدية باليومية، من قَبْلِ توافر التعيينات وحتى بعد ذلك، فقد فات قطاري في التعليم، فلحقتُ بقطار العمل، أُداوم على كفَّ القَدَر، الذي لا ينبض طوال الوقتِ بالعيْش.

بناتي "حُسْن، قمر، سارة، إسراء".

لم أستطع إسعادهن بأكثر من أسمائهن، التي كانت محطّ إعجاب من زميلاتهن.

تجلس أمينة زوجتي فجراً بفَرْشَة من الخضرة "الكزبرة والبقدونس والشبت والبصل الأخضر والخسّ والكرّات"، وبعضٍ ما ترزقُ به.

تَخرجُ قبل الفجر بساعة أو أكثر؛ لتحصل على دورها في شراء ذلك من الفلاحات الآتيات من "الغيط" يَبِعْنَهُ بثمن الجملة، وهو فارق جُنيه أو جنيهٍ ونصف في الشيء الواحد، وعليها ألا تتأخر وإلا لن تُدرك نصيبها من كَمِّ المحصول المَبِيع، ولن تعود للبيت بمصروفِ الطعام في هذا اليوم.

**

الطعام.. آه الطعام هنا فاخرٌ فاخر، هل أنا تاجرُ مخدّرات أم أسلحة؟

هل أنا بحق آكلُ كلّ هذا وأعيش حقيقة بهذه الحياة؟

لا لا، أعوذ بالله، أنا حتى ما مددتُ يدي يوماً لأطلب من أحدٍ عشاءً، وإن نمتُ أنا وأمينة جائعَيْن؛ ليأكلَ الصغارُ شيئاً.

وكثيراً ما وجدتُ أشياءَ قد نَسِيَها ركابُ القطار. أظنه لم يكن إثماً إن أخذتُها، ولكني كنتُ أخاف اعتيادَ ذلك!

لقد عشتُ شريفاً و...

**

يقولُ أهل القرية: لقد أشعل النارَ في نفسه.

ولكن من سبقَ ووصلَ إلى أرضِ الحقيقة، وجدني كنتُ قد خرجتُ عن اتزاني بهَذْي من هذا القبيل. وكنتُ أدور كالمجنونِ الثائر وسطَ الشارع، لمّا انعدمت بيَ الحيل، وخنقتْني أذرعُ الفقر وشبّ الألمُ والقهرُ في روحي، ودارت الثعابين بأوردتي، وجَرَتْ إلى قلبي تنبشه بألسنةِ سمّها، وجدوني ألفّ وأقول -كثْوْر لا يرى أمامه إلا حياةً حمراء:

مش لاقي أأكّل عيالي.. أولّع في نفسي وأرتاح؟

فأنقذتني السكتة القلبية. أسْكتتْ صوتي وقلبي.

النارُ تُطفئ نفسَها

فرقعةٌ أولى

بمجرّد أن تحدُثَ فرقعةٌ، ويُغلَقُ الباب، تجهش أمي بالبكاء. لا أعرف لِمَ كلّ هذا الصراخ المفاجئ، وقد كانت تَطلي الهدوء على وجهها أثناء وجود أبي في البيت! كيف افتعلت الهدوء، وكيف تَبِعَتْه بالعاصفة؟

أبي أميٌّ لا يقرأ خطوطَ الحزنِ فوق الوجوه، يجهلُ تعبيراتِ المشاعر. لا يُتقن إلا صينية البطاطس باللحم المفروم، أو طاجن البازلاء بأيّ نوعٍ من أنواع الشوربة، أو بقطع اللحم المجمّد التي يقولون إنها برازيلية، فأهم شيء لديه أن يحصل على مائدةٍ وإن كانت من السماء.

يقف فوق كلام أمّي، فوق كل كلمة يدقّ ألف كلمة أخرى فوق رأسها كمسمار دائم من الذكرى الصدئة. يشتمها لو حاولت تهدئته، ولو تلقفتُ لَعْنَهُ وسِبابه بالابتسامات الصفراء المصطنعة.

يعرف أنها مقطوعةٌ من شجرةٍ، لذلك فهو يَقطعها كلَّ يوم؛

لأنه يدركُ أن لا جذور سَتُحاولِ لملمتها، أو مدّها بغذاء الروح من الحنان. ولو حاولتْ هي تجميع نفسها ثانية، ما استطاعت العودة لهيكلها الأول.

بالفعل تغيرتْ ملامحُ أمي وما عادتْ تشبه نفسها منذ ثلاث سنوات، منذ وُلوجها غُرفَ الليل المظلمة.

فرقعة أزلية

بمجرد أن يغلق أبي البابَ وتحدث الفرقعة. تصرخ: آه يا رب أموت.

وينفجر شلالها، وتبدأ بدقّ رأسها بالحائط، الذي يستجيب لجراحها.

لا أحد تعرفه لتتصل به، وتشكو لهُ فِعْلَ زوجها. تعودُ كلَّ يومٍ بعد أذان العصر، من صباح يبدأ معها قبل الثامنة. تعمل "مُعاونة منزلية" هكذا، أسمت نفسهاً لتُرَقّيها عن لفظة "خادمة".

قليلاً ما يحْتَاجها كبيراتُ السنِّ للدوام معهنّ شهريّاً، وأحياناً تكون مواسم الشتاء أكثر ركوداً، حتى ينفتح الصيف الذي يوجب غسل السجاجيد وتلميع الأرضيات والسلالم، فيكون الموسم الأكثر تربّحاً.

تعود للبيت. "جبتي كم خلّصي"، يقولُ أبي.

تُخرجُ ما في جَيْبها، تُلقيه في يده. يسألها: بس كده؟ أنتي ما

بتشوفيش شغلك كويس ولا ايه؟ اجْري اعمِلِلنا لقمة ناكلها انجزي.

ويا وَيْلَها يا سَواد ليلها لو زَلَّت في طلبٍ من طلباته الدقيقة.

فرقعاتٌ كثيرة توجب الانتهاء

أمي، في الخامسة والعشرين كانت ترعى أختها الصغرى بعد وفاة أمها، أما أبوها فلم تره منذ عامها الأول. ألقى أبوها أختَها في بطن أمها، وأخلى مسؤوليته من هذا البيت ببساطة.

عندما خطبها أبي، ظنت أنه القشّة المنقذة التي ستنتشلها من الغرق، ولكنه دار بها نحو الدوّامة الأكبر.

يُفرقع أبي الباب ويفرّ بالنقود التي جمعها وهنُ أمي طوال النهار. لا أحد يعرف إلى أين تحديداً يذهب، ولكنه يعود سَكرانَ على كلِّ حال.

أصرّت أمي على عدم حملِ طفلٍ في أحشائها من هذا البهيم، كيلا تحمل جيناتٍ غير إنسانية.

كانت تحاول الفرار بالمحافظة على ظلمة رَحِمِها فارغةً قاتمة، تكفي ظلمة حياتها المحتشدة بالأوجاع. كما أنها أيضاً لا تريد أن تأتيَ بعكّازٍ تصبّ عليه بقية حيلتها، كما فعلتُ أمّها، وأتتْ بها.

ولكن ذات ليلة، ضربها أبي ضرباً عنيفاً، وزجّ بي في أحشائها.

يُفرقع أبي الباب، يَنفجر شلالُ أمّي، تبدأ بخبْطِ رأسِها في الحائط، ينزفُ رأسُها، أُشفقُ عليها.

"وأنا أيضاً يا أمي لا أريد أن أكون عبئاً على بكائك".

يَنزف رأسُها، وكذلك بطنها، وأقرّر أن أنزل منها في هدوءٍ كي أريحَها.

رسالة منقرضة

هو الأخير هنا. بكل ثقة يجلس على حافة صخرة قرب النهر الجاف، يسترجع صورَ تموجاتِ الأضواء الزرقاء والحمراء والخضراء التي كانت تموج مع المياه كلما دخل الليل وأضيئت المدينة.

المدينة، كلمة أصبح ذكرها أبعد ما يكون عن لسانه، نسيها بالفعل، نسي مفردتها التي تضج بالحياة في معناها.

نسي أيضاً زوجته الرائعة المخلصة التي ما فارقته يوماً قط، سوى في ذلك اليوم المشؤوم، نسي ولديْه اللذَين شاهدهما يغوصان في هذا النهر الذي يجلس أمامه قبل أن يجف، قبل أن تنطفئ الأنوار، سبح الدم مع النور، عندما ارتطم رأساهما بهذه الصخرة التي يجلس عليها؛ قبل أن يغوصا في هذا النهر الذي يجلس قبالته، قبل أن يصبح هذا النهر مجرد حفرة جرداء لا يجتمع فيها سوى أسراب النمل، أو أن يتحول إلى قاعة اجتماعات للذباب.

هل تعلمون؛ لمَ ظلّ يجلس هكذا؟ لأن الذباب أيضاً لمْ يعد موجوداً، غرق أيضاً في هذا النهر، عندما قررت مياهه أن تجري في الاتجاه الذاهب للأبد دون إياب.

وربما أيضا حُرِق الذباب، فالحريق الذي شبّ ونشب في شجيرات المدينة كان لامعاً من شدة لهبه، متحولاً إلى أضواء صغيرة مختلفة، كأن كل ضوء كان يُخفي وراءه معنى يستطيع السباحة والتمدد وجذب الكائنات.

جلس بكل ثقة على حافة الصخرة، قبالة النهر الجاف، لا يريد أن يوثق بعض الصور أو أن يسترجعها من بريد ذاكرته، فهي بالطبع محشوة عن آخرها بصور وأيام ومواقف لو فتح لها الباب لانهالت فوق رأسه وهشّمته عن آخره.

حتى أنه لم يكن يفكر في كيفية يخلع بها عنه ذاكرته، ويلقيها في حفرة هذا النهر الجاف، فما عادت هناك مياه في جسد النهر الخاوي.

المشكلة أيضاً كبُرت وتوسّعت وفاضت عن إدراكه، فلم تعد فقط: كيف ينسى تلك الأيام ويتخلص من لفظة "المدينة" التي كانت حياته.. وأن يعيش بلا مدينة!

المشكلة أنه جالس الآن على حافة صخرة قرب النهر الجاف، يحرك ذيله الطويل فتتراقص حراشفه يَمنة ويَسرة، يحاول تذكر آخر أغنية كان يدندنها مع صغيره الثالث قبل أن يختفي في قلب عاصفة من فتات الجبال.

لهذا؛ تنزل الآن من عينيه دمعة وحيدة.. الآن، دمعة وحيدة تملأ وجهه المدبب للأمام، المنحني والمنكسر، تنحدر الدمعة أكثر، مثل موجة صغيرة لا تجد موجة أخرى تلطمها، فتزبد..

بل تهبط خطوطاً فوق فكّيه، فيحركهما كأنما يلوك حزنه القابع في غصّةٍ تنحشر في حلقه.

يفكر أن يبكي، أحياناً يميل الأشخاص إلى السكون في وحدتهم، وأحياناً يميلون إلى البكاء أيضاً إذا انفردوا بأنفسهم.

ولكنه كان في حالته هذه؛ كلما مال إلى البكاء والعويل، فتح فمه الضخم، فاكتشف أن حيلته الوحيدة قد نفدت، فما عاد باستطاعته إطلاق النار من فمه كما في الأساطير، ففي هذه الحالة يعود للخيار الثاني، خيار أن يبقى ساكناً بعد العاصفة التي أكلت كل شيء؛ أكلت المدينة كلها.

يفكر أيضاً أنه لن يدوم طويلاً على حافة صخرة، قبالة نهر جاف، ذهب ماؤه في اتجاه واحد.. دون إياب.

فماذا يفعل ديناصور وحيد وأخير بعد قيامة كبرى، يجلس وحيداً على حافة صخرة قبالة نهر جف بعد نهاية عالمه؟ ماذا لو كنتَ مكانه، فيمَ ستفكر على الأقل؟

إنه اليوم الرابع والسبعون من هذا الشهر، في الساعة الثانية مليونا والربع..

صديقنا بطل الحكاية، كان يفكر في شيء واحد فقط، مع قلة حيلته.. كان يفكر في كتابة رسالة أخيرة.. هكذا فقط.

إنه هناك على حافة الصخرة، يجلس، يقتلع حرشفة من ذيله المرن.. الأمر كان سهلاً، فهو يشعر بالتفكك إلى درجة أن بإمكانه اقتلاع حافر أيضاً من قدمه العملاقة، حافر واحد أو حرشفة كبيرة يستطيع بها أن يخط رسالته فوق الصخرة الوحيدة، قبال النهر الجاف جدّاً.. الجاف للأبد.

ولكنه كلما أمسك بحرشفته ظل يفكر ويعصر في رأسه الأسطوري: ماذا يكتب؟ ليبدأ الرسالة، لمن إذنْ سيوجهها؟ كيف سيقدمها لقارئ لا يعرفه؟

هل سيكتب: أيها الكائن على أثري؟

هل سيكتب: أيها المعتمر من بعدي، هل سيكتب للأرض لا للمعتمر.. لكي يلمس بعض الحياة؟

أيها الحي فوق موتي، هل كان من الضروري أن أموت حتى تجيء؟

هل سيكتب من الأصل؟ أم هل سيكتفي بالتقاط صورة له وهو يحتضن الخراب والوحدة، يدلّ ظلّه عليه؟ ولكن حتى "كاميرا" ماء النهر جفّت، وارتحل النهار بدون إياب!

إذنْ، كان صديقُنا بطلُ الحكاية مستعداً للكتابة، ولكن كانت معضلته الأقوى: "لمن سيكتب"؟

هو بالفعل بدأ، وأمسك صفحة رملية واسعة للكتابة، كلها

من اليابسة الجافة، أمسك الأرض، طواها وطواها، كتب ذات الشيء، الكلمات نفسها، حروفاً متشابهة وكثيرة، كتب وكتب بما يكفي لقيامةٍ أخرى. كتب وكتب حتى أنهكته الكتابة الطويلة، ثم ألقى برسالته في بريد الفراغ، في هذا الكوكب الفسيح، وترك الأرض تحكي.

إنه اليوم الأول من هذا الشهر، الساعة صفر.

في بريد الفراغ الثاني

الرسالة الثانية
(بذورٌ مِنْ شجرةِ العَراء)

نُزلاءُ الوحدة

قالتْ لي أمي لا تبتعدي كثيراً، بعد قليل سَيَهُبُّ هواءٌ عنيف، ستأخذنا العاصفة على أي محمل.

حاولي أنْ تَرْكضي سريعاً، وأن تكوني بِجواري قدرَ المُستطاع.

قُلتُ لها: حَاضر يا ماما. ولمْ أتوقع أبداً حَجم كلامها!

هبّتْ ريحٌ شديدة، وَرَكَضْنا كلٌّ في سَحَابِهِ.

أَخَذَتنا العَاصفة، واحْتشدنا في مكانٍ واحد، اصْطَدَمْنا، وتخبَّط بعْضنا في بعض من شِدةِ الهَواء. كانت ماما تتمسكُ بي؛ لنهبطَ في مكانٍ واحد أيضاً.

ولكن حَدث تفريغٌ لشُحنةٍ كهربية، ولمْ ألبثْ أنْ سَمعتُ صوتَ دويٍّ عالٍ، ورأيتُ شرارةً كهربية، تفرّقنا بعنف.

هَبَطْنا على إثر ذلك شتّى، في سرعةٍ رهيبة، انحلَّتْ يدي من يد ماما، وأخذتْني الريحُ لمكان بعيد.

كان يوماً شتائيّاً جللاً، مُغرقاً لشارعِ الأرضِ الذي هبطنا فيه.

في ذلك اليوم خرجتْ أمٌّ تحملُ كرتوناً مغلقاً، فيه شيء ما! استقلتْ سيارة "الميكروباص"، ونزلتْ في شارع البحر على الكورنيش. تَعلمُ مُسْبقا أنّ الشوارعَ فارغةٌ جميعها بسببِ سوءِ حالةِ الطقس في قلبِ ديسمبر الأخير، فاطمأنّتْ لذلك.

على الرغم من ارتجافها الداخلي، ترجّلتْ من الميكروباص، ومشتْ قليلاً كمَنْ يبحثُ عن شيء، أو يَحار في الوصول لشيء ما.

وقفتْ في نقطة معيّنة على سلّم من الإسمنت، به درجتان فقط، يبدو لبيتٍ مُغلق، أو مَحلٍ غيرِ مُستعمل في بيت ما.

نظرتْ ثانيةً يميناً وشِمالاً، راحتْ خطوةً للأمام، ورجعت أخرى للخلف. نظرتْ أيضاً مجَدّداً، وبخفّة يد ساحر يلعب ألعاباً خادعةً للبصر، وضعتْ الكرتونَ أرضاً، كأنّ شيئاً لم يحدث.. وفي ثانية انطلقت للأمام.

مِن حُسْنِ حظّها أنْ لم يشاهدْها أحد، ماذا كانت تلبس، كيف بدتْ، ما ملامحها، وملامح ارتجافها، كيف ذابت بين الشوارع ولم يعكس صورتها ماءُ الإسفلت..؟

ولكني رأيتُها وحَفظتُ تشكيلَ قسوتها في عينيها الحَجَرِيَّتَيْن.

ولا أدري أكان من حُسْن حظّي أم من سوء حظّي، أنْ هبطتُ أنا فوقَ وجهِ الكرتون، تخلّلتُه، حتى تفككتْ طبقاته.

كنتُ قطرةً ضَعيفة، ولكن من شِدة وسرعة السقوط، استطعتُ اختراقَ طبقات الكرتون الضعيف، وهبطتُ على وجه الطفلة الملقاة بداخله.

كانت على شفا بكاء، مهزوزة، تُصلب عينيْها الرماديتين في سقف الظلام.

خطواتُ أمها لإلقائها، كانت آخر ما هَدْهَدَها.

هبطتُ على وجهها ببطء، فقد هدَّأَتْ طبقاتُ الكرتون السفلى سرعتي.

كانت على شفا بكاء، وكنتُ بكاءَها. غسلتُ حزنَها الحاليّ، وأخبرتُها:

"لا تحزني، أنا أيضاً فقدتُ ماما لتوّي، هذا الماء الذي بوجهك، لم يتفجّر حتى من حَجَر قلبِ أمك! فإنها لم تمهِلْ نفسَها فكرةَ احتضانِك أو اعتصارِك للمرّة الأخيرة..

اسمعي أيتها اليتيمة للتوّ، عندما يفتح أحدهم صندوقك، وينير ظلمتك، دَعيه يُشبه أمك، ابتسمي له، فربما سيكون أرحم بك، سيُخرجُك للحياة، وسيُخرجُني للشمس لتجففني وأعود إلى سحابةٍ جديدة تشبه ماما.

سقوطٌ في فراغ الحضن

"اسمي بودي، عمري خمس سنوات.. وهذا صديقي بظ يطير*
أشتاق له".

هذه ليست قصةً للأطفال. وإنما هي أقصوصة من الورق،
ما زلتُ أقبض عليها كلما اشتقت إلى "بظ يطير" فقط، لأني لا
أشتاق إلا لَهُ.

ربما لن تحملَ الآلةُ التي أحكي عليها لَكُم الآن خطي
العشوائي، ولن تُدركَ تشتّتَ نفسي وأنا أكتب، ولا ارتفاع
صدري وانخفاضه بتردد عال من السطر الأول..

ولكن هذه الأقصوصة الورقية ستحتفظ بكل ذلك، كما
احتفظت بأخطائي الإملائية، في "هاذا" و"صدقي" الذي لا
يهمني إن كنتُ أخطأتُ كتابته، ولكني لم أخطئ شعوري به،
وأخطاء أشواقي أيضاً التي ما زلتُ أحملها لهذا اليوم.

كم أنا غبيّ! أية أشواق أتحدث عنها؟ وقد حاولت أن أجعلها

تبهت مع حبر الوقت؟ فقد صرت أزرع صبّارات لقلبي، أشواك أعواد صفراء صغيرة من الضغينة لكل من يحاول الاقتراب مني أو ادّعاء الطيبة، ونسيت أغلب الوقت أنني بذلك أزيد الأشواك لنفسي، لا للآخرين، خصوصاً عندما لا يقترب مني أحد.

"اسمي عبد الرحمن، عمري خمسة وعشرون عاماً، أحمل مؤهّلاً متوسطاً، هذا ما استطعتُ الحصول عليه في دار الرعاية".

أمّا هذه فهي رسالتي الصوتية، وبصمتي التي بُعثتُ أُبَلّغُها في سُبُل سعيي لإيجاد فرصةِ عملٍ جادّ أُطْعَم منه.

إلى حضن الدنيا الواسع، تخرجتُ من حضنين. لم أعد أبحث عن التّنقّل بين الأحضان، فالحضنُ لي كهفٌ فارغٌ وبارد، ولكني إن احتجته، فأنا فقط أبحثُ عن "بظ يطير"؛ كي أُسكِت بودي الصغير بداخلي.

طوال صمت العشرين عاماً، لم يكفّ هو عن البكاء، ولم تكفّ شخصيته الخيالية عن حراسة فضائه الذي رسمه لنفسه ذات يومٍ وما زال متعلقاً به على حواف المجرّة.

**

كتبَ بودي هذه الورقة ليلاً، أتذكّره جيّداً، كمن تناوبتْ عليه الأزمنة في لحظة، زمْجَرَ وحَطّم، ثم سقط مثل وحشٍ صغير في قفصٍ انقراضه.

**

30

في تلك الليلة، كان جسمي كله يرشحُ الماء، وليس عيني فقط. أحسَسْتُ بجلدي ينمو بالحراشف. لم أكن أطيق أن يلمسَني أحد، لا المربيّة، ولا مديرة الدار، ولا حتى زُملائي للَّعب.

كلّ ما كنتُ أريده، أن أحافظ على آخر لمسة من يد أمي لكفّي ووجهي، فلا يلمسني أحد بعدها، وأن أحافظ على آخر نظرة منها مرتجّة بالدموع، بينما أعيد تجميع صورتها المتقطّعة بهذا المطر.

كان عيناها أول ما احتضنني، لما جاءت مع زوجها، واختارتني من وسط كل الأطفال لتكفلَني.

لم أكن أعي كل ما حدّثوني عنه، ولكني ما زلتُ أفطن جيّداً للدنيا الواسعة التي نقلَتْني فيها نظرتها. جدرانٌ ورديةٌ من الأحلام، وسيقان من اللبلاب في أَلِفيْ "ماما" هذا ما كنتُ أشعرُ به كلّما ناديْتُها.

أولُ احتفالٍ بعيدِ ميلاد لي في غرفتي زرقاء الجدار، لم أصدق أنني أمتلكُ سريراً لي أنا وحدي، وحقيبةً مدرسية، وحرية في اختيار قميص من بين أربعة قمصان، وأنّ لي أصدقاء يسألونني: ماذا ستطبخ ماما لك اليوم؟

عامان من حضن الورد.. لم يتهيأ لي أن الورد سيذبل، وتنكشف جدران الحضن عن فراغٍ سحيق!

**

أصلاً لم أكن أعلم أنّ الوردَ يذبل، لم أفكر مسبقاً بالأمر. ظننته ينمو فحسب، إلى أين تذهب كلُّ ورْدات الدنيا إن كانت تنام بعيْني على صوت قصّتها التي تحكيها لي، وضحكاتي في دغدغتها، وعندما أتدحرج أسفل الطاولة في خفة، أظنّها لا تراني، فتظل تندهُ عليّ بحضنها، بذراعين بمحيط البيت والحياة، كنت أركض بين ورقات الورد حتى أتعب، فتنغلق ذراعاها الواسعتين بأمانٍ وحنانٍ بالغيْن على جسدي النحيل.

في ردهةٍ طويلة بمكتبٍ إداريّ ما، سألتُها: لمَ نحنُ هنا يا ماما؟

كانتْ تمطر، وتحتضنني حتى كادت أن تدمج جسدي بجسدها.

شعرتُ بالخوف. سألتُها: احمليني.

قالت: أنت كبيرٌ يا بودي...

بقية الجملة كانت بصوتٍ متقطع مدمَج بالتشنّج، لم أستخلصْ منه حرفاً.

كان زوجها يَمطّها من كتفها، ويقول لها: "هيا" بصوتٍ زاعق. لم يكن يشغلني وجوده، فطالما كان غيوراً، وصحراويّاً من المحبة واللين.

كنتُ ألتفّ حولها، أريدها أن تُفهمني فقط: لماذا تفتح عني الآن ذراعيْها للأبد؟ ولماذا اقتلعتْ جسدي من جسدها بعد الحضن الكبير؟

بالأصل لم يعدْ جسدي لي كاملاً منها. كان مُمَزَّقاً، بعض القطع راحت تتساقط في خُطواتها. حتى مخيلتي لم تعد مُكتملة لأستوعبَ الحدث!

قالتْ مديرةُ الدار لسيداتٍ كنَّ يَبْكين لبكائي: "أصبحتُ حامِلاً، ولم يعد زوجُها يريد الطفل، فخيّرها بينه وبينه".

"بين من يا... بين زوجك وبيني، أم بيني وبين طفلك الحقيقي، أم بين طفلك وزوجك.. أم...؟"

لم أذكر اسمها مرة واحدة بعد سماعي هذه الجملة، ولم أقل ماما قط، إلا وأنا أكتبها الآن..

كان اللبلاب ينمو لأسفل، تتدحرج أوجاعي عليه. ولم أبك أيضاً، كنت أفكر في لُعبتي التي أهدتني إياها في عيد ميلادي.. "بظ يطير"، كنت أفتقده جدّاً، كرهتها لأنها لم تحمله معها لي، ولم تُسقطه معي في فراغ الحضن.

**

"اسمي عبد الرحمن، عمري خمسة وعشرون عاماً، أحمل مؤهَّلاً متوسطاً، أبحث عن فرصةِ عملٍ لديكم".

قلتُ هذا، وكان شابٌ وسيمٌ يسند ظهره لكرسيّ جلدٍ هيدروليكيّ. رفع عينيه في تأمُّل وكأنه يفتحُ "ألبوم" الحياة، ويعود مترجِّلاً بذاكرته إلى فناء المدرسة، ونحن في رياض الأطفال بالمدرسة الأجنبية/ نتبارى مَنْ مِنّا يَعلو صوته أكثر بأنشودةِ تحيةِ الصباح.

سمعتُ الأنشودة بين شفاه قلبه، في صمته الطويل كان يُعيدُها، أمّا أنا فكنتُ أحاول تذكّرَ ألْحَانها مع سماعها على دقّاتِ صدري. بدأت أساريره بالانفراج، ومع نهاية الأنشودة، سمح لابتسامةٍ عريضة بالانطباع فوق شفتيه بصراحة. أما أنا، فقد كان طقس طوبة يسيطر على أطرافي المجمّدة، وأعصابي المرتعشة، وعيناي تتقلقل من مسّ جراحهما.

المهندس/ أحمد عزوز رفعت – المهندس بقطاع قسم الكهرباء.

مدّ يده لمصافحتي، فتحركتْ عيناي من فوق تعريفٍ زجاجيٍّ فوق مكتبه، محفور عليه اسمه ووظيفته بالشركة التي دخلتُها أبحث عن مكانِ عاملٍ خالٍ بها.

زوجٌ خرافيّ

تزوّجت مِن كائنٍ فضائي، فبَعْد بحثٍ طويل وخيبات كثيرة وقعتُ فيها، وجدتُ أنَّ كل رجال الأرض تصعب معاشرتهم، تقدم لي الكثير منهم وأحببت الكثير أيضاً، ولكنْ في كل المرات كنت أخرج بخيبة عطنة، تصيب قلبي بكساد الحب والانزياح.

أريد أن أنسى ذلك الخطيب الاستغلالي الذي دخل بيتنا ليحصل على وظيفة في شركة أبي، وادّعى حبي، وعندما كشفتُ ألاعيبه؛ دار بين الناس ليوقع بينهم وبين أبي.

وذلك الآخر البخيل، كان يرتّب لسنوات عجاف في مستقبلنا، أدهشتني صراحته الفجة، فكيف بفعله الآتي؟ وأيضاً ذلك المتعجرف الذي جاء ينظر إلينا ويثمّن كلّ فتاةٍ في العائلة يراها، وعلينا أن نصدق قوله بإنه يستطيع شراء أي عروس تعجبه.

أصابوني بالخيبة جميعهم، فعزفتُ عن منطق الحب إن كان ذا منطق، أو عن الانجراف إن كان سيلاً من المشاعر غير المقصودة. حتى نظرتي لأمي وأبي، كانت تجعلني أرى قلبين

يعيش كل منهما على متن حياة، وعقلين في مستويين مختلفين،
وفي النهاية تلتحف روحاهما بغطاء واحد من صبرٍ ثقيل. قررت
أن أنسى ذلك الموضوع تماماً، وأن أنتمي لروحي التي تستحق
الحب الخرافي.

وذات ليلة، كنت أجلس على تلّ صغير في باحة بيتنا، رآني
القمر وشاهدته بالتفصيل، واقتربت النسائم تلفّني برعشة خفيفة.

جعلت أفكر في الحب: كيف يأتي..! قراري العقلي لم يوقف
هرمونات الحب المتدفقة فيّ، واحتياجي لرجل استثنائي.

تواصلتُ مع الهواء بشكلٍ ما، وهِمتُ قليلاً في حبّ السماء،
حتى لاح لي ضوء لامع ظهر واختفى. وعلى سبيل الشهب، لم
أقل غير كونه شهاباً!

ولكنه عاود ولاح، وظهر الضوء وكأنه يبتسم هذه المرّة،
فاعتدلتُ وسألتُ: من هناك؟

ركزت قليلاً، فاكتشفتُ لي مَلَكات خارقةٍ تعمل، لم أكن قد
اكتشفتها بعد!

ووجدتُ استشعاري يستقبل قشعريرة غريبة، جرتْ بأوردتي
وتمكّنتْ من قلبي،

فعاود الضوء وظهر ولكن بوضوح أكثر هذه المرة، وأخبرني
بأنه رجلٌ فضائي، رآني وتابعني لأكثر من مرة، كنتُ أبكي قبل

هذه الليلة، فأعجب بدموعي التي استطاعت أن تصنع نهرَ ضوءٍ فوقَ وجنتي، فرآني تلك المضيئة التي لم يرَ مثلها في بني جنسه.

أحببتُه وأحبّني، وتواصلنا، فكنت أترك له الرسائل في النجوم الساهرة إن لم أجده قبل أن أنام، وكان يهبط منزلقاً على أشعة الشمس، ليوقظني صباحاً ويشاهد ابتسامتي.

كل يوم بالنسبة لنا، هو حب أكثر. سألني أن أخبر أبي عن موضوع زواجنا. ولما لمّحتُ لأمي، التي أخبرت أبي؛ جاء جوابه مشترطاً أن يقيم معنا في كوكبنا.

أخبرته، لكنه رفض، وقال: ليس عليّ أن أترك أبي وأمي، فهما كبيران في السن، وأحتاج إليكِ لتكوني رفيقتي معهما.

رقَّ قلبي، وألححتُ على أبي، فأخبرني أن المسافة بعيدة بيننا، وبكتْ أمي وقالت: "لو حدث لي شيء لن تستطيعي أن تحضري لتريني"، فطمأنتهما، وأخبرتهما بأني أمتلك ملكات خاصة، وأني لست مثل بنات الأرض، وأستطيع أن أزورهما مع السحب الطيبة، وغالباً سأظل قريبة في الغلاف الجوي، لأشاهدهما من بعيد.

تزوجتُ من حبيبي، فكان رجلاً شهماً وجميلاً، ولكن كنتُ أقضي ساعات عمله التي تدوم أكثر من ألف ساعة فضائية؛ وحدي في خدمة أمه وأبيه، حتى انحنى ظهري وقلّت صحتي. ولأنه كان يعود متأخراً، فقد كان عليّ دوماً أن أنجز مهامه في

الفلاحة، فيوميًا أمرُّ بالكواكب، كوكباً كوكباً؛ لأحصد المحصول الذي كان ينمو بسرعة لا أفهمها!

كان عزائي في ذلك، عندما يعود، وقد وضعت له زينة من تراب الكوكب الأحمر، ولكن لا عزاء عند من لا يعجبه انتظاري وسهري، ويتّهمني أنني أنحاز للمظاهر مثل فتيات الأرض.

مركبتنا الفضائية كانت معطلة، فهو ينسى دوماً أن يصلح شيئاً، أو يتناسى ويدّعي النسيان. لذلك كنت أقطع أشواطاً من السباحة بين النيازك القريبة توصلني؛ لأجمع ما يحتاجه المنزل، من قطع لترميم مكاننا الذي كان مهدداً بالانهيار دوماً.

ذكّرته مساء ليلةٍ بوعده لي، بأن يجعلني ملكة في مملكته، فكذّبني، وشكّكَ أن حواسي التي تزوجني من أجلها بدأت تتعطل.

في كل يوم كنت أدرّبُ نفسي على تنشيط ملكاتي، لأتأكد أني ما زلت بخير، فأجد كل مستشعراتي للنسائم والنجمات والشمس والأقمار المجاورة، ما زالت تعمل.

إلا أن السحب كانتْ تَمرُّ بي، من أسفل الغلاف الجوي، أراها وأغفلُ أنها تُريد أن تقول شيئاً.

ذات يومٍ أصررت أن نمضيَ في رحلة قصيرة، فرافقني على مضض. وصلنا للقمر، رأيتُ صورته الحقيقية فيه، انزعجتُ، وتعجبتُ، إذ كيف لا أراه كذلك! وشاهدت نفسي إلى جانبه وقد أثّرتْ فِي ملامحي السنونَ والتعب.

عاد معي، وهناك، حاولت أن أفرك عيني كثيراً؛ كي أراه على صورته الحقيقية التي كنت قد عميت عنها عندما أحببته، فبدأت ملامحه تتبدى لي شيئاً فشيئاً.

كل يوم كان الأمر يختلف.. كل يوم كان هناك قشرة تقشَّر من وجهه، أرى ملامحه الحقيقية تحتها.

اكتشفت بعد ذلك أن لديه بيوتاً كثيرة، في كواكب مختلفة، وأنه متزوج من أخريات قبلي وبعدي، أرضيات وفضائيات، وأنّ عمله طوال الوقت لم يكن عملاً، كنت أنا بعملي مَن يعول بعض بيوته. رأيته بعيني مرةً وبملكاتي مراراً. كلّ ذلك الوقت كنت الراعية لأبويه، والمنفقة، والزارعة والحاصدة، والزوجة.

وقعتُ ساعتها من هول صدمتي، وظللت أهبط وأهبط، حتى كأني كنت أقع من مجرّةٍ أخرى للأرض.

حملتني سحابة طيبة، طافتْ بي في السماء قليلاً. كانت صامتة وماطرة، وكنت ساكتة وباكية، حتى توقفت بي أمام نجمة، رأيتُ فيها صورة أمي. لم أعد للأرض يومها ولا للفضاء، وتعطلتُ كليّاً.

في بريد الفراغ الثالث

الرسالة الثالثة
(منفضة الوقت)

الوقتُ ينفضُ الترابَ

حياةٌ هامدة في جدار

الولد الوسيم مُبتسم دوماً، بطاقيته الحمراء، مكتوب عليها (Happy) يُمسك في مكان بطنه تماماً، تفاحة تحملُ ساعةَ اليوم. وله قدمان تتأرجحان في حركة البندول. منذ تعليقه في غرفة الأطفال، وهو ينتظر أطفالَ الغرفة بشغف ليقرؤوا عقاربه، وليتأملوا رقصة بندوله اللطيفة.

كلَّ يومٍ يُمرّرُ الولدُ الوقتَ مُبتسماً. مرّر سنةً واثنتين في ساعته المستديرة، ولم يأتِ أطفالٌ أبداً للغرفة.

كان يرى الأبَ في زاويةٍ من الصالة مع فنجان قهوة وكتاب، اعتاد على هذا قبل النوم، يجلسُ لساعاتٍ وحيداً. مرّة في وضعية قراءته هذه، ومرّة ممسكاً بهاتفه يمرّر إصبعَه على زجاج الشاشة مصلّباً ملامحه دون تعبير.

الولد مبتسم، يحملُ على رأسه في طاقيته الحمراء كلمة

"happy" ويظلّ فمه مفتوحاً لاستقبال أي ضحك في البيت يحدث، ولكن دون جدوى، فلا نهاية على ما يبدو لانتظاره.

في بداية رفعه على الجدار في هذا المنزل، كان الحبُّ يمر أمامَه لبضعةِ أيام، ثم أصبح يمرّ ذهاباً دون عودة.

كان يصله صوت الشجار قاطعاً الصالة والحمام والمطبخ وغرفة النوم الأخرى. سمع المرأة كثيراً تقول: (نفسي أبقى أم ـ عندنا معاد عند الدكتور ـ كفاية خناقات بقى مش كفاية إني مستحملة) وأحياناً تصلي بدموعها: (يا رب اجبرني يا رب).

مرّ عامان آخران، ولكن دون تغيير يُذكر، ما زال الرجلُ مواعداً الكتابَ مع القهوة، أو قابضاً على أخبار الهاتف بغير اكتراث. الفرق أن الخلافات ما عادت تروح وتجيء. ولم يعد صوت المرأة موجوداً من الأصل.

وذات يومٍ صرخ الولد على الحائط: نسيا تغيير بطاريتي!

لمدة عام آخر، ظلّ فيه الولد ببطارية فارغة، غزا رأسه التراب، بهتت حُمرته ونَضارته، وعطبتْ تفاحته. ولكنه في نفسي كان يعْبر بطبيعةٍ مثل الزمن، ويعرف عددَ الساعاتِ والأيامِ والسنواتِ التي مرّتْ، فهذه فطرته ووظيفته.

ولكن تسبب نفاد شَحْنه في عدم إظهار وقته لهم، كما أنه أصبح أقلّ تبسّماً.

بطاريات الحياة

ذات نهار، بعد مرور عامَيْن، أحسَّ بيدٍ تمسكُ ظهره، تُرفقُ بطارياتٍ جديدة. فتح عينيه، سمعَ أصواتَ أولاد يملؤون الغرفة، رآهم بالفعل، ثلاثة أطفال أكبرهم ينادونه خالد، الذي يخطف اللعب من سلمى وعاليا التوأم ويجري، فتبكيان.

ابتسم من جديد، وأحسَّ بالتراب يُنفض عنه، بيدِ امرأةٍ أخرى.

نهاية وبداية

لم نصدق أنّ هذا الكلام كان موجّهاً لأمّنا، عندما وقف الطبيب قبالة سريرها وقال بصوت خفيض حاسم، وهو يجمع أسلاكه في حقيبة سمراء صغيرة: هذا فشل كلوي، ونحتاج سريعاً للقيام بغسيل كُلى لأيام متتالية، لنرى ما إذا كان جسدها سيستجيب لهذا ويستطيع المقاومة أم لا. قالها الطبيب ومنحه ورقة صغيرة فيها تصريح دخول طارئ باسمها موجهاً للمستشفى.

**

نحن كثيرون، كثيرون جدّاً، وأكثر مما تتصورون، بعدما خرج الطبيب، صرخنا بأعلى أصواتنا: "نحن حولك بين أصابعك رهن إشارتك، سنحاول مساعدتك يا أمّنا فساعدينا، سنلتفّ حولك بعناية، بطرفينا اللذين طالما كانا بين أصابع يدك".

لنا طرفان أب وأم. الطرف الأب غالباً يكون في نهايتنا لا

نصل له إلا لو انتهينا، أما الطرف الأم فهو الذي نبتدئ منه الحكاية، وحياكة وتطريز أي شيء تريدينه.

كنتِ أنت الطرف الأول، الذي نعرفه جيداً، كنت طوال الليل تجلسين منكبة بظَهر قوسيّ على أريكتك تلضميننا في عينٍ صغيرة، هي منفذنا الوحيد. نظن أننا بعبور تلك الإبرة سنطلع على عالم آخر، عالم يُخرجنا من شلتنا المرهونة تلك إلى عالم آخر يغيّرُ مُسَمَّانا، ولكننا لم نرَ شيئاً جديداً.

إلا أنك أيتها الأم المبتكِرة كنتِ تشعريننا بهذا الشعور كثيراً عندما تلضميننا في وجوه متعددة لـ(كناڤا)، أحياناً نخرجُ في هيئةِ صورة طبيعية، نصنع بألواننا البحر والجبال والسهول، ونطرّز القوارب في قلب الماء، وغالباً ما يكون ولد صغير بداخلها إلى جانب بنت صغيرة وأمامهما حُلم.

كنتِ تصنعين الملاءات، وتضعيننا في أطرافها زهوراً متسقة، متفتّحة على الدوام.

خرجنا كثيراً من العين الضيقة، وأكثر ما كنّاه، فساتين صغيرة ذات كرانيش واسعة من الوسط وعلى الأكمام.

صُوَرنا معلقة على الحائط في أرجاء الشقة، وملاءاتنا مفرودة مثل أغان مبهجة على سرائر البيت، وهناك مشغولات أيضاً بأركان الأرائك، أو في المطبخ بشكل ما.

وأما فساتيننا فلم تمتلئ بروحٍ ولا جسد، ولم تعْبر بنا إلى

ضفافِ أكوانٍ أخرى ترينا الحياة الجديدة، كما نعهد بالأطفال أن يفعلوا.

في أحلامك المتضائلة، مشينا معك كل الطرق التي كانت تضيق وتضيق، ولكنها لم تتوقف، بل على الرغم من ذلك، ظللتِ تستجديننا من بين ثقوب الإبر الضيقة، وتصنعينَ الفساتين المبهرة أكثر، بجميع الألوان، وجميع الأشكال، وجميع المقاسات، لم تملّي ولم تياسي أبداً.

كنتِ دوماً الطرف الأم الذي لا ينفد عطاؤه حتى يخرج الطرف الأب لدوره الأخير.

وها نحن الآن نركن إلى جانب سريرك، ندعو لك، نؤمّنك بالأحلام. وها هو أبونا يقفُ إلى جانب سريرك الآخر، يظهر مثلما كان غائصاً وسط لقّتنا الكبيرة، لم يكن دوره واضحاً، فطالما سألتِه: "ماذا لو أجريتُ عمليةً للإنجاب، أو حصلتُ على طفلةٍ تنتظرُ أمّاً في دار رعاية؟" فكان يهز رأسه هزة رضاً، دون اتخاذ قرار.

أنتِ الآن مكبلة بخيوط من معدن، أو مطاط لا ندري، ولكن تلك الخيوط تؤدي غرضا طبّياً ما، لا تزيّنك أبداً. لا تحتملين آلامك؛ نعرف ذلك. تنتظرين الأطراف التي مددتِها ونسجتِ منها الحب أن تلفّك بالعطاء.

**

في المشفى، رحنا معها، ومددنا لها طرفنا الأول ـالأمـ
فرأيناها تبتسم، مدّت لنا يدها، وما إن أمسكتُ أطرافنا، حتى
جذبتها جذبة كرّتْ بها نسيجَ الحكاية، أنْهَتْها وكأنها لم تكن، فعُدْنَا
في لحظةٍ إلى خلقنا الأول.

وجهان

اليوم خُدِشَ وجهي، فبانتْ من تحته فضيةٌ لامعةٌ أبهرتْ صديقي، فابتسم لي.

اكتشفتُ أنه يفعل ذلك دوماً بوجوه أصدقائه جميعهم، يخدشها بقسوة دون أية رحمة.. بسكينٍ أو ملعقة.

يظل يخدشها حتى ينحت طبقة وجوههم السوداء، وتظهر من أسفلها الطبقة اللامعة من الألومنيوم. وهذا ما فعله معي هذا الصباح.

صديقي طبّاخ ماهر، ولكنه على الموائد والحفلات يرى ما تَعجَب له الأنظار من ملقٍ ودهاء وكذب، عندما يرتدي كل منهم وجهين. يظهرون بوجوهٍ مُزيّفة، وفي الخفاء تتضح ملامحهم الحقيقية، الحاقدة والكاذبة والغاضبة وغير ذلك.

تعب صديقي من هذا المجتمع المرائي، وفكّر في كيفية يلقنهم بها درساً لا ينسونه. كان قبل أن يطهو لهم الطعام يقوم بخدش

أواني "التيفال" التي سيطهو فيها، وبعد أن يطمئن لذلك، يصنع فيها الطعام وهو سعيد.

تكرر مرةً بعد مرة، أن التفَّ كبارُ الرِّجال حول موائد طعامهم، وما إن همُّوا بالأكل، حتى هذي كلّ منهم دون أن يشعر، ودون استطاعة منه على السيطرة على نفسه.

ومرة قال أحدهم لمديره: والله ما كان هذا عشاءً فخماً، لولا أنك تسرق فلوسه! إنّك حراميّ ونحن نعمل من أجل ما تُبقيه لنا، ليس من أجلك أيها اللص الكبير.

ومرة قال واحد لصهره: زوجناك أختنا لا لأدبك أو لرجولتك أيها المغفل، بل لمنصبك ونقودك، وها هي تسير وفق خطتنا المرسومة منذ أن تزوجتك، تكدّس ودائع بنكية باسمها من مالك يا غبي.

وقال زوج لحماته بعد أن مضغ على مهل قطعة لحم ذات غداء: أيتها الشمطاء اللعينة، أزِفَ الأمر، وسأرمي لك ابنتك الدميمة في حضنك الفارغ بعد أن أستولي على إرثها.

لم يحدث هذا فحسب، بل ظهر "روكي" كلبُ إحدى العائلات الكبيرة، كان برفقة ابنتهم الصغرى، عندما رمت له صاحبته عظمة، أصبح يهذي ويقول: فاسدة فاسدة، تخونين خطيبك، وتخونين أباك وتنفقين مالك على السهرات الفاحشة، لو أنّي مكانك لكان لدي من الوفاء ما ليس لديك يا كلبة!

**

كان صديقي الطاهي يقف بعيدا مبتسماً في كل مرة متفرّجاً على هذه الساحة الهزلية التي تحدث كل يوم، والغريب في الأمر، أنهم عندما يفرغون من تناول طعامهم، يقومون من المائدة كأن شيئاً لم يحدث، يستكملون حياتهم بهذه الطريقة الخادعة، يستبدلون بوجوههم الفضية وجهاً آخرَ أسودَ.

في بريد الفراغ الرابع

الرسالة الرابعة
(رحلة الكهرمان)

كهرمانةُ سوزان / اللمسة الشافية *

(الأرض مانحة الأرض، الحياة كلّها الأرض.. المجرّةُ أيضاً والكون.. نحن الأرض، هل نُبصِرُ سواها؟).

جلستُ مثل قزمة في عُلبة كبريت. أعوادُ ثقاب طويلة جدّاً، يُنافس بعضُها بعضاً في الوصول للسماء، وهذا هو الشجر، الذي يجعل سرّه في الحياة.

أوراق صفراء بفعل الريح تجعلها وكأنها تفترشُ بساطاً سِحريّاً.

الحياة في مكان مَقصيّ تكون أجمل.

ـ "جميعنا الآن يمتلك مِنفضة" تقول المدرّبة.

تتابع: "منفضة تطفئون فيها رماد القلب، والجري والسَّعي والتعب والرهق واليقظة الجبرية، الآن تلتف معكم هذه الغابة، الغصونُ تعانقُ قلوبكم، عُصارة العمرِ هُو الحب الهادئ، الحب بلا مقابل ولا تفكير يشتعل بغير هذه اللحظة".

---

* اللمسة الشافية: طريقة العلاج بالطاقة الحيوية. بين مؤيِّدٍ لها ومُعارِض.

تقولُ الأسطورَة إنّ الشجرَ كان في البداية كائناً مُفترساً، إذا مرَّ به الإنسانُ قديماً، انْغَلَقَ عليه بأذرعِهِ الطويلة، واعْتَصَرَه حتى الابتلاع.

ولكن بقيَ ظِلّ الشجرِ يَستطيل ويستطيل مع الزمن ويرتفع، وفي لَمسة واحدة لمحتْهُ مجموعةٌ مِن ساكني أطرافَ الغابة يغيمُ ويُهيمن على المدى، رأوا لمعةً مُتبلورة متضِحَة، ليستْ بشرارة، ولكنها كانت ضوءاً شفافاً، مع أولِ لمسةٍ للشجر مع السماء، تكوّنت البلورةُ العظمى، التي هبطتْ كسائلٍ كريم منصهرٍ بين عصارةِ الأشجار، فتحوّلَ حينها لكائنٍ مُحِبّ، كائنٍ واهب، كائن قد تكمنُ الحياة كلها فيه.

إنها اللمسة يا أصدقائي، إنها الاتحاد بالحب، إنها الهزّة التي تُحوّلك من شيء إلى شيء آخر.

بدأت سوزان بالاتحاد مع الألوان التي تراها، وهي مغلقة العينين حتماً، فهذه هي قواعدُ الجلسة "أن تظل مغمضَ العينين، لتفتحَ بصيرتك بعيون قلبك لتغوص بداخلك".

ألقت سوزان بعينيها في داخلها، الأعصاب تُشبه الأشجار، طويلة ورفيعة وملونة مثل الحياة.

ولكن نهاياتها الرفيعة كاذبة، تسترق الوجع والألم، ولا تنسيها إيّاهما أبداً،

تظل مُفتحةَ الإدراك بينما سوزان غافية، تحت تأثير جلسة الاستشفاء/ باللمسة الشافية.

تهّدلت عضلاتُ سوزان في البوتقة نفسها التي جمعتها فيها أمّها لحظة الولادة. الكتلة نفسها ولكن، لحجم أكبر، ومسطّحٍ أوسع.

من الممكن أن يتغيرَ كلّ شيء، أنْ ينصهرَ ويُعاد تشكيله، أو أنْ يتبخَّر فتظل على حُلمٍ بعودته، لكن من الصعب أن يظل شيء على حاله!

كان جسدها ضعيفاً، لا يقوى على إعادة بعث الألكترونات واستثارة رغباتها لمستوياتِ الطاقة الأعلى.

صاحَبها الألم عشرينَ عاماً، ثم تطلب منها المدربة ـالآنـ أن تستيقظ من وهم هذه الأوجاع في نصفِ ساعة؟

**

- "نعم أنا أحب الشجر، وأتوق لفرك طين جسدي جيّداً وخلطِه بتراب الأساطير ثم إعادته لبوتقته المرهَقة، ربما لَمَعَ هذا الجسد الذي أطفأتْه أوجاعه. ربّما اتّحَدَ مع فيروزِ البحر الملقى تحت نور الحقيقة/ الشمس".

- سوزان، هل أنت بخير؟

- "عالمٌ آخر أستل نفسي منه. عضلات متيبّسة متليّفة، أحاول اقتلاعها كجذور قديمة ما عادت تغذي هذا الجسد، لفافات الأعصاب أيضاً فارغة، والمفاصل تنثني بالنيران. جئت إلى هنا، لألتفّ مع الطبيعة، لألمس حقيقة الروح لا اللحم والدم،

لألتمس الشفاء. الشفاء يا رب من هذه "الفيبروميالجيا"*.
أيها الشجر، أيتها السماء، تقبّلي روحي.

...

- سوزان، هل أنت بخير؟

- سوزان أنت تتحولين إلى اللون الأصفر الشفاف!

- سوزان، ثابري، اصمدي، لا ألمَ بعد اليوم، لا كراسيَ متحركة، لا جرعاتٍ زائدة من مثبطات الألم، الألم يفرّ، يتجمّع في عصاباتٍ متكوّرة، ينزلق من أزقة الخلايا، الهالاتُ السامة حولك يتّسع قطرها، تتشتّت، تنبعث في هيئة ضوءٍ خافتٍ بائس لا نور له.

أنت تضيئين، تتوهجين، تشتعلين بنار السلام.

اشهقي عالياً، ثم أَخْرجِي نَفَسَك ببطء..

سوزان هذه تَرقية، أنت تتحوّلين، تتبخّرين وتقطرين اللمعان..

سوزان أنت "كهرمانة".

كهرمانة في رحمي/ تلد النور

(سكتةٌ لطيفة)

أركلُ كلّ كراسي اعترافي وأكسرها، كلما هممتُ بالجلوس عليها.

طرقٌ مسدودة من الكلام، أعودُ منها، وأحياناً أحلم بها فأبتلعها ساعة أن أصحو.

لا مجال لإخبارهم. الحياة تسير على قدمين صحيحتيْن، لا داعي لتكسريهِما. سيجتاز يحيى ثانويته العامة، وسيكون أدهم قد لحق بها.

يعودان دوماً مع أبيهما، كلُّ شيء في مكانه، لباسهم المنزلي مثني بشكل فندقي، ومعطّر بما يفضّل كلّ منهم من رائحة.

الستائر المثقوبة، تهفهف بالظل على المكان، الغداء في موعده كما عهدنا أن نجتمع فيه مهما اختلفت الظروف.

الحمام به ماء ساخن، وشمع عطري على الدوام. الكعك

الإنجليزي في علبة مع ركن الشاي والقهوة، ما انقطع كل ذلك يوماً واحداً أبداً.

ألفُّ الأمرَ بِسحْر، منذ اصطنعتُه بقلبي؛ لكيلا يجده السأم فيفسده.

يطوف النهار، ويَخرج الأولاد مرةً واثنان وربما ثلاثة، لمدرستهم، وحصص التمارين بالنادي، بينما ينزل زوجي مراتٍ قليلة إن اضطُرَ لذلك.

لا يخرجُ أحدُهم بالدفء فيتسرب إلى خارج البيت، بل يظل المكان دافئاً وربما ازدادَ محبّة.

صرخةٌ لطيفةٌ أيضاً

بعد يومٍ طويل، سينام الجميع، وأخلد أنا إلى الحمّام، يُبطل الألمُ سِحري، وقلبي المدفون فيه.

ترتطم الآهاتِ مراراً بداخلي، تكسّر ضلوعي، أو تعبث بروحي كمجنونةٍ مغيّبة. أُخْبِرُها أني لن أفصح عن ألمي لهم، ولن أشتّتَ هذا الدفء بالصرخاتِ مهما كلّفني الأمر.

هذا الدفء، الذي اخترعتُ له على مدى عمري موقداً؛ لكي يظلَّ انبعاثه في حضن بيتنا الصغير.

أبتلعُ أنفاسي، وأخرج من الحمام، أحاول استجماع ذاتي من الوجع، أفتح دُرج التسريحة، أُخرِجُ "ألبوما" كنا طبعناه مع تقنيات التصوير بالهواتف.

ها هو يحيى صغير جدّاً، وأدهم أصغر منه، وما زالا بقبضة اليد المُنَمْنمةِ في نظري. أحاول دوماً حشوَ المحبة لهما مع مصروفهما.

كنتُ في الصورة أتكئ على سعيد، فكيف اليوم أجعلُني يحملُني بِحُزني الوَهِن، وأجعل من جسدي لفافة هشة تتفتّتُ بقربه؟

(صرخةٌ عنيفة ملوّنة)

من أسفلِ ورقةِ جريدة أفرشها في درج التسريحة الأخير، أُخرِجُ صورةً أخرى.. ولكنها سوداء على الأغلب، قاتمة مثل خبرها، بينما تخلّصتُ من التحاليل التي تحمل اسمي قبل عودتي للمنزل في ذلك اليوم الطويل.

الصورةُ بالأشعة السينية تَرسم ورماً في حجم حجرٍ كريم.

هكذا فسرتُ ذلك لنفسي يومَها؛ كي أستطيعَ العودة للمنزل في صورة باسمة.

نعم، هذا حجر كريم يَكبر برحمي. كيف لِهذا الرحمِ الذي وَهَبَ كَريمين جَميلين، أن يحمِل شيئاً خبيثاً؟

ولكن الطبيبة أكّدت ذلك، دعمت كلامها ببعض الجمل الإنكليزية والاستناد للأبحاث العلمية. أخبرتُها أني ما زلتُ لا أصدق!

أخبرَتني بأنه عليّ تناول جرعات من الكيماوي.

أخبرتني أنه ورمٌ خبيثٌ سريعُ الانتشار، ويستدعي هذا تدخلاً جراحيًّا.

أخبرتُها بأنه حجر كريم وُلد بي.

أخبرتني بأني في خطر لا محالة.

أخبرتُها بأني "كهرمانة"، وأني لن أبهت يوماً، سأظلُّ بشفافيتي إلى أن أُطْفأَ فجأة.. أو أنْ أنبعث.

قلبٌ مفتوح

في آخر عملية قلب مفتوح ـكما يسمونهاـ عدتُ، حيثُ اعتدتُ أن أذهب لطبيبِ جراحةِ القلبِ ليُجري لي هذه العملية، ولكن الطبيب كان في كل مرة يجري لي عملية قلبٍ مغلق. وكان يخبرني بعد خروجي من غرفة العمليات، أنه وجدَ قلبي محكمَ الغلق، حاول فتحه وحاول فما استطاعتْ كلُّ مشارطه فتحه، مما اضطره لإجرائها على قلبي المُغلق، بطريقةٍ خاصّةٍ.

وقبل شفائي، كان يشرح لي حالتي، ويطمئنني بأنها حالة عادية، مجرد أن أشفى من الجروح، وأتماثل للشفاء، يكون عليّ فقط أن ألتزم بقائمة الممنوعات لأتجنب أن يتكرر معي ذلك مرة أخرى، فألجأ لجراحات كثيرة.

"جنّبي قلبك مساس الآخرين به، قلبك معرض للعدوى الشديدة، إن مسوه بسوء أصابته العدوى كليّاً، وربما تطلّب الوضع استئصال القلب".

قالها وكتبها لي في ورقة أيضاً. أطبقتها في يدي، وانصرفت.

مغلقٌ للحياة

وصلتُ بيتي، مسحتُ عن ملابسي آثار الدماء، وعن وجهي آثارَ الخوف والألم، وتعاملت مع الأمر بصفته شيئاً عاديّاً يحصل كل يوم.

الحمد لله لم ينتبه أحد لما بي، لمحاولاتي لتجنبهم قدر المستطاع، خوفاً من مساسهم قلبي، فيحدث ما حدث. لم يكن الأمر غريباً إن تجنبتهم ولم يكن محبباً إن خالطتهم. لذلك أنصتُّ لإيجابيات الموقف الأول، حفاظاً على قلبي، وابتعدتُ.

ظللتُ لفترةٍ طويلةٍ أمارس حياتي العادية، أذهب للعمل، وللتسوق ولزيارة الأهل، ولحضور المناسبات الاجتماعية، ولشراء متطلبات المنزل، وأقوم بعناية بيتي وأطفالي عناية تامة دون تقصير من عقلي الواعي الذي حمل وظائفه ومهام قلبي المغلق.

إلا أني ذات صباح شعرت بوخز عنيف جهة صدري، هل هو قلبي؟ نعم يبدو أنه هو. انسللتُ من يومي وذهبتُ لغرفتي لأتكشف الموضوع، وجدتُ ارتفاعا ظاهريّاً فوق قلبي. ظهر الجبل الكبير فوق قلبي بِبُرُوزٍ واضح، بقمةٍ مدبَّبة تَخِزُني مثل دبوس، وتجرح يدي كلما مررتها من فوقه.

نزفتُ من يدي بشدة، من تلك القمة الحادة كنصل سيف ساموراي، لم أستطع مقاومة جرحي. نمتُ وأنا أبكي بعنف،

أبكي كما لم أبكِ من قبل. أفقتُ بين يدي طبيبي، لم أستوضح منه عمن جاء بي إلى هنا، كان يضع المشارط فوق قلبي ليحاولَ فتحه من جديد.

سألته هل كان مغلقا تماماً، أم أن هذا خطأٌ ما؟

أخبرني أنني احتطتُ أكثر من اللازم حتى صنعتُ فراغا واسعا جدّاً حوله، وأغلقتُ على قلبي حتى أصابه الهواء الفاسد، وتمكن منه وتخلله وجثم فوقه بهذه الوحدة التامة المتعفنة.

تذكرتُ أن لي فترة طويلة، أذهب إلى العمل، وأنا أُسدل إيشاربي فوق صدري، ولما استغربتْ صديقاتي منظري، وسألنني عن هذا الحجم الغريب الذي يرتفع بي؛ ما كنت أعرف كيفية إجابة.. بل كنت أبتعد فحسب.

مغلقٌ لموت الحياة
أعمَلَ مشارطه فيّ، واستأصلَ الفراغ. بكيتُ مجدداً، بكيت أكثر وأكثر.

"لِمَ لمْ تكتب ذلك في قائمة ممنوعاتي من المرة الماضية؟" سألته من وجعي. فأنكر توقّع حدوث ذلك بسهولة، وأنه من الواضح أني أبعدت قلبي مسافة بلاد عمن حولي.

أخبرته أنهم هم السبب في ذلك، ولستُ أنا!

قال: لا فرق!

عدتُ للبيت، لم يلْحظْ أحدٌ على وجهي آثار دماء الخوف الذي كنتُ أنزفه من عيني، لم يشمَّ أحدٌ رائحة ألمي التي كنت أستشعرها جليّة، وأحاول أن أستتر منها بروائح المطبخ؛ فأطهو أي شيء يفوق تلك الرائحة.

عدتُ للعمل، فما استغربتْ صديقاتي من زوال البروز! ولم يسألني أحد عن حالتي! فلِمَ إذنْ اهتممْن عندما كان موجوداً، ونفرن مني، وجعلن يتهمنَنِي بعدم الاهتمام بنفسي.

مفتوحٌ بالحب

بعد يومين، ذهبت مع أولادي للنادي، أصررتُ أن أساعد قلبي بنفسي، فهو ما زال يهمني رغم عزلته المُحْكمة وغربته الشديدة عني.

في حمام النادي عندما احتاجت طفلتي لدخوله، وقفتُ أغسل يديها، وعندما رأيت السيدة الواقفة بجواري تجدد حمرة شفتيها، وتسوي ملابسَها، وتفكّ إيشاربها لتضبطَ هندامها وزرَّ القميص العلوي، الذي علِقَ بعقدها الفضي؛ لمحتُ تجويفاً بجسمها، تقوّستُ بذهولٍ لأستبين الذي لمحته. رأيت فجوة واضحة في صدرها جهة القلب.

تجرأتُ وسألتها: اعذرِيني، من فضلك، هل هذه الفجوة هي قلبك؟ هل قلبك موجود؟

قالت: نعم.. ولكنه مفتوح.

نزلتْ دموعي مثل خيوط شفافة، رشقت الأرض وسمّرَتْني مكاني، كذبابة خفاش وقعت للتو في شبكة عنكبوت ماهرة.

فتحتُ باب الحمام وخرجتُ، ووقفتُ أنظر لها ولزوجها الذي كان ينتظرها بالخارج ممسكاً ولدَيْهما، قبض على كفها بحنان، وقبض على جسدها بابتسامةٍ ملأت تجويف قلبها بسعادة وحياة، ونضحتْ من عينيها المشاعر نفسها، وابتعدوا جميعاً في صورةِ قلبٍ آمن.

في بريد الفراغ الخامس

الرسالة الخامسة:
(إحالة)

تمثال ماما

أكره لمس أصابعها، عندما تقترب مني أُبعِدُ يدي تدريجيّاً، ويظلّ قوسها منقوصاً كلما حاوَلَت احتضاني لا إراديّاً وهي نائمة، أتقلّص بجسدي بعيداً عنها وأدّعي النوم.

أصبحتْ حقّاً شخصاً آخر، أو شيئاً آخر، منذ موت أبي، لم أعد أعرفها، أراها ومسامها تضيق أكثر فأكثر، ألاحظ ولا أخبرها، فمِنَ المنطقيّ أنها تلحظ ذلك على نفسها أو لا تلحظ، لا يهم!

لَعَصَبيّتها الزائدة؛ صرت أتجنّبها، وأفضّلُ فعل أي شيء واصطناع كلّ شيء عن الاقتراب منها.

تغيّر لونها، وقلَّ كلامها وكأن فمها فتحةٌ تحجّرتْ حتى انغلقتْ.

كنتُ ألاحظها وهي تتحول لتمثالٍ تدريجيّاً، ولكنه من حجارة بركان ودَّ لو انفجرَ مرتين.

صارتْ أمي ذلك الكائن الصلب، تقوم بكل شيء ولكن دون

روح، ودون لون ودون معنى. وبذلك الانهماك في أمور المنزل إلى جانب عملها البسيط الذي يُبقي على أفواهنا مفتوحة، صارتْ كثيرة العصبية، شديدة الانغلاق على روحها، لا نسمعها إلا توبّخنا من حين لآخر؛ لِتكاسُلِنا عن شيء ما.

على الرغم من أن أبي لم يكن كثير الوجود بيننا في البيت في حياته، فكأنه حمل معه كل الأكسجين الذي سيجعلها كائنا حيّاً.

بعض الصفات نرثها على كِبَر، وأحبُّ أنْ أسميها وراثة أكثر من اكتساب، لأنها وراثةٌ في أبعادٍ غائرةٍ من الروح بمنطق الوقت.

كبرتُ، وتزوجتُ، وظل تمثال أمي في منتصف بيتنا نزوره لنجلس فقط إليه دون أية كلمة.

**

يعمل زوجي بأحد مناجم المعادن، مما يضطره للسفر إلى دولةٍ أخرى.

أبقى طيلة غيابه مع أطفالي الأربعة. أحاول ترويض الحياة وحدي. لم أتزوجه عن قصة حب، ولكنه كان بسمةً مقبولةً تنفذ للقلب يوم أن تقدّم لي.

مرّتْ أيامٌ كثيرة وشهور وسنون، وأنا مثلما أنا، لم أتغير أبداً، على الرغم من تفكري الدائم في حالة أمي، وأتعجب: كيف تمكّنَ منها الزمن والحزن وحوّلاها لتمثال يكبر ويشيخ!

كبر أطفالي وتفرّقوا في مراحل تعليمية مختلفة، وظلّت تلك الصغيرة التي ما زالت في الثامنة من عمرها، أراوغ شقاوتها وأقتحم حضنها وكأني أنشدُ منها حبّاً خفيّاً واهتماما فطريّاً لا يمنحه إلا الصغار.

في كل يوم أنظر في المرآة، أرتدي شيئاً جميلاً وأضع بعض المساحيق، وأنا بين دوامي ومشاوير المنزل، لم ألحظني إلا فتاة جميلة تائهة في الطريق، تروح وتجيء بين عينيّ. إلا في الليلة الصعبة التي دخلتُ فيها لأنام بجانب طفلتي، فقد لاحظت عينيْها مفتوحتين، وسرعان ما سقطتُ في النوم في لحظة واحدة؛ ادّعاءً.. مددتُ أصابعي أحضن كفّها، فشعرتُ بأصابعها تنسحب بتأنٍّ من يدي، وكان جسدي مقوّساً ينتظر قوس جسدها لينغلقَ الحضن.. ولكنها أدارت وجهها وكأنها تسبح في نومٍ عميق.

قمتُ فوراً للمرآة، نظرت في وجهي، تاهت الفتاة الجميلة في عيني فجأة، وغارت إلى عمق الصورة، عندها فقط، انعكست صورتي الحقيقية عن تمثالٍ صلدٍ أصمَّ متحجّرِ الفم منغلق المسام، كان يودّ أن ينفجرَ كبركان مرتين على ما يبدو، ولكن لم يستطع.

ثلاثُ بذرات في لحم حبّة عِنبٍ مختمرة

(١)

شَعرةٌ نبتتْ في جسم "بلوفره الكاكيّ" ثمّ شعراتٌ متتاليات دلّتْ أنّ زمناً طويلاً قد مضى وهو لا يرتدي غيره. يخلعه ليغسله في صفيحة ماءٍ صدئة، ثمّ يطويه على حبلٍ قصيرٍ له شعراتٌ شائكة، يصل بداية الشبّاك العطن القصير بنهايته، ثمّ يعود ليلبسَه؛ لتنبت أخرياتٌ فيه بتكاثف.

ظلَّ العم أحمد، عامل البلدية الذي احتال عليهم منذ فترةٍ طويلة، ونسبَ نفسه لهم، في فترة غابتْ فيها الرقابة، وأوهم أهل الحيّ أنه على قيد عمال البلدية، بارتداء هذا الزيّ المشابه لزيهم، فلم يكن يخلعه أبداً؛ خمس عشرة سنة؛ لينقده أهل القرية ما يجودون به، فيُنقِذ لحاء بطنه اليابس برغيفِ فولٍ من "عربة عم عبده".

(٢)

"عربة العمّ عبده" الواقفة على ناصية الشارع، كنقطة اتصالٍ بين شارعين رئيسين، لم تكن أقل من معلمٍ كبيرٍ شهرة، فكان

75

يُشار للشارع لمن يريد الوصول إليه "عند عمّ عبده بتاع الفول". أسفل عمودِ نورٍ يَستجلب الهاموش والناس معاً، في بعض الأحيان تحسبه مَزاراً لِوَليٍّ من أولياء الله. فهم يحبون العم عبده ساحرَ اللسان وجلّاب الخير بحديثه المغري ودعواته الرطبة.

لم يرَ أحد لعمّ عبده أخوةً ولا بيتاً ولا أثراً، ولكنه كان مصرّاً في حكاياته أنه ابن عزّ، لم ينمْ فيما مضى يوماً آكلاً الفول الذي يأكلونه الآن، ولكنه كان يعود للبيت مع والده بعد آذان الفجر، وقد سبقه المرسَلون بصواني المُحَمَّر والمُشمّر بعد أن طابت يده من كثير التقبيل (الله يفتح عليك يا عم الشيخ حسن)، فلحُسْن صوته كانت تتجلجل القرية في المآتم والليالي المُبارَكة.

ليس لعمّ عبده ولدٌ، ولا يحزنون ولا يفرحون بِهِ ولا عليه. وكان يبيت يوميّاً في ظلّ رِزْقه، في خيال عربته الصامدة، التي لم تتغير ملامحها منذ عشرين سنة. وعلى فقره هذا كان كريماً مُحسناً، لم تطلب منه "الست صُدفة" يوماً طعاماً وبخل عليها.

(٣)

وكانت "الست صُدفة" تفترش "شكارة" فكّتْ إحدى جانبيها طولاً، تستجلبُ المارّين: "صُدفة إني آجي الدُّنيا.. صُدفة إني أروح آه ياني صُدفة إني آجي تاني.. صُدفة مالِك معانداني؟"

يبتسِم الفتيات لهذه الإيقاعات التي تملأ الشارع، فيَقْتَطِعنَ من مَصروفهنّ لها، ويَمْضِينَ في خجل من كلمات ثنائها عليهن، وعلى جمالهن وخفّتهن.

وكذلك الشباب والأولاد، أمّا النساء فكنَّ يشهقن لحكاياتها المثيرة؛ كونها تجد من يذهب بها ليلاً تحت الأرض، إلى عالمٍ آخر، وباستطاعتها مساعدتهن في "عكوساتهنّ" إذا زِدْنَها من فيض، فهذه أوامر الأسياد.

(صفر)

مرّ ما يَقرب من ثلاث عشرة سنة أخرى، وَهَنَ ثلاثتهم، كما امتلأت القرية بحقيقة العِلْم، وتخرّج أغلب أبنائها في كليات مهمّة، وأصبحوا لسبب أو لأكثر، متعجّبين من حال عم أحمد، الذي كان مؤخراً ينقطع عن منزله الوحيد اللّدن المشقّق لفترات طويلة، ثم يعود، وعندما يفتقدونه للاطمئنان عليه، لا يجدون ردّاً.

وكذلك العم عبده، الذي زاد حديثه حول جاهه وعزّه، ولمْ يرَوْا إلا متراً واحداً من الخيال أسفل عربته يؤويه، وحديثه الدائم عن إخوته مع أنه في هذه الحياة التي عاشها، لم يزره واحد منهم.

وعن الست صُدفة التي فاضت بهم أفعالها مع أمهاتهم، واستنزافها لبساطتهن، وحديثها الغريب ومحاولة جذب الفتيات الصغيرات لها بشيء من الريبة.

كل ذلك.. جعلهم يقرّرون التقصّيَ عنهم، فقسّموا الأمر بينهم، كل فريقٍ عليه أن يعود بالخبر اليقين عن واحدٍ من الثلاثة.

وبعد تقصٍّ، التقوا تحت كرْمة عظيمةٍ ملتفّة، بها عنقود عنب

واحد، به حبّة عنبٍ واحدةٍ فريدة، رائحتها حامضة، اختمرتْ على أصولها، بدت من خلف شفافيتها ثلاث بذرات تُنتج الحمض لكافة الشجرة، وتثمر الكذب والوهم.

وفي الواقع كان ثلاثتهم عُصْبة وعصابة واحدة، تحيا في ظلّ الشحاذة والاستعطاف. وصل فُرَقاء البحث في يومٍ واحدٍ إلى مكانٍ واحد، داخل عقار في إحدى المدن الكبرى، ليجدوا ثلاثتهم يخبئون ثمانين مليوناً لهم، وعقودَ عقارات باسمهم، والعديد من شجيرات الكذب الممتدة بالتظليل على عقول أهل قريتهم الطيبة.

فوبيا

(في روحٍ مركونة)

أتحسسُّ ناقلات أعصابي، من فوق جلدي، يكاد يَبرُز الوازِع المُرَسل من مخي، منتشراً بين خلاياي.

عندما تغمقُ السماءُ وتقفل صفاءَها، وتفتح أبوابها الغاضبة، ويَصيرُ المطرُ يَسقطُ بِعشوائيةٍ، بوجعٍ يُخربش مَن يصطدم به، يصير هذا الأدرنالين يسقط مثل حباتِ الطين المتبلورة بين خليةٍ وأخرى في جهازي العصبي.

(من زاوية أخرى)

بمجرد أن يَظهر في صالة البيت، خارجاً من غرفة نومه، يجلس ببيجامته المقلّمة طولاً.

عند جلوسه تنفرج خطوط البيجامة وتتقوس عند فخذيه الكبيرتين، فيصير مثل وحشٍ نادرٍ يجلس أمامي بعينه المُحْمرة.

لا تكاد عيناي الصغيرتان تحمل صورَته الضخمة، ولا

أعرف إن كان يلزم للكرسي ستّة أرجل قبل أن يخرّ به على الأرض!

يحدث كل ما سبق معي، حينما يظهر ظلّه على حائط الطرقة المقابل للصالة الكبيرة، ويطلق صرخاته: "بت يا منى، الفطار فين؟"

لم يعدْ لدى مُنى سوى أحبال مرتخية من الأعصاب، مثل أحبال غسيل قديمة، أهلكتها كثرة العرض المسرحي لملابس ترقص عليها طوال الليل والنهار.

منى إنسانة أخرى غيري، أراها في المرآة فحسب، وحينما أراها أيضاً أفرّ من أمامها بسرعة، قبل أن يندلع الأدرنالين أكثر مما هو عليه، فيحمل عضلاتي على تقلصات لا نهائية، ربما أظل بعدها في حالة تشنّج مستديمة.

تدخل منى المطبخ، نعم، تدخل هي، أما أنا فأظل أحاول الاندساس في جحر فأر مهجور في أقاصي الروح، أو في زاوية مظلمة من المطبخ، أدلف إلى ظلّي الذي أراه يعرق من الخوف، فأبكي، فيفجّر بكائي الذاكرة.

ذاكرتي.. أحاول خياطتها أثناء قيامي بتحضير الإفطار، أو أداء واجباتي المنزلية تحت سياط الرعبِ والخوف والرهب، فيظهر لي أني أخيطها بخيوط حمراء مرة أو لامعة، تستدرج فضولي أكثر لفتحها وإسالة الوقت المتعفن بها دوماً مع البكاء.

يَنده عليّ مجدداً، أجفّف وجهي بسرعة، كمن يجفف ماءً بمنديلٍ مبلل، فيغرق أكثر!

ما زلتُ أذكر سياطه الصوتية، وعلاماتُ كفه الممتلئة تكاد تطبع أقداراً فوق قلبي وجسدي.

أحياناً أرى نوراً كثيراً يملأ وجهي، فيزوغ بصري وأسقط، أفيق على بصمات صراخية أخرى تلتصق بأذني، تُحدث بها طنيناً مثل بيوت الرعب في الملاهي الكبيرة. وأحياناً تبقى خصلاتٌ من شعري بين أصابعه لا يبالي بها، بعد أن يرجع من عراكٍ يَخلصُ له بالنصر الدائم.

(في روحٍ تحرّرت)

تسيل صورة أبي مع البكاء، أحاول سدّ الذاكرة بأي رقعة مهترئة في المطبخ، تسيل أكثر حتى تملأ عيني. أبكيها وأبكيها.. فأنا اليتيمة التي تريد الذهاب لملجأ يشبه حضنه، ولكنه ذهب مثل عظامٍ في كهفٍ قديم.

وحدي من يحبه ويحتاجه، أما أمي فلم تعد تتذكرني أو تتذكره، لأن نوراً كثيفاً يملأ عينيها، وَطَنيناً يُخلخل طبقات أذنها لم تعد تسمع صرخاتي بسببه، ولم تعد تطرق بابي، فلديها زاوية صغيرة مظلمة تقبع فيها وحدها، بعد أن دُفن أبي بخصلات شعرها، ورحل تاركاً بصماته فوق جسدها للأبد.

في بريد الفراغ السادس

الرسالة السادسة
(خيارات وحيدة)

خيارُ "وحيدة"

لم يكبرْ مع ذاكرتي سوى مشهدٍ وحيدٍ لجدّتي "وحيدة"، هذا اسمها فعلاً. صورة تَربّتْ في أرجاء الذاكرة، مُنَمشّة الزوايا، تَخفى على فنّان إنْ عرضتُها عليه؛ ليرْسُمَها؛ ويخبركم عما بداخلي.

لا تهمّ ألوانها الآن، الأهم أني أدخلتُ ملامحَ جدّتي كثيراً آلة التفسير. نتائجُ كثيرة ظهرتْ معي. كلّما مَررتُ بتلك الملامح، أُطابق ما شعرت به بشعور جدّتي حينها، فيصلني ما كانت تودّ أن تقوله دون أن تقوله، أو أن تلتفتَ إليّ.

المشهد من مسقط عين بريئة

طفلة ذات سنتين، تقف ببابٍ له برواز أخضر مشقّق، وجدّة عتيقة يسطع الأخضر من قلبها، تجلس ممدّدة بالسرير، تفرد رِجلاً واحدة، أمّا الأخرى فكانت تختبئ في شوال رمل.

لم أكن أفهم لمَ يفعلون هذا بها؟ وكيف تعيش الجدّة برجلٍ واحدة؟

هل من الممكن أن يعيشَ الإنسان بخيار واحد من اثنين؟

نادت عليها "وردة" من أسفل الشباك بالشارع: آآآ آآآهآآآ وووآآآ

وردة كانتْ بلا خيارٍ أصلاً، حيث كان لديها خيارٌ واحد، وقُطع لسانُها في حادث بشع.

هل من الممكن أن يعيشَ الإنسان جبْراً بلا خيار؟

كانت "وردة" تأتي لتساعدها في أعمال المنزل، ولكنها لم تكن تتفوّه سِوى بتلك الآهات، حيث لديها "ألف" في كلامها مفخّمة غير مرقّقة.

كنتُ أختبئ من الجميع في تلك الساعات، لذلك أغلقتُ ذاكرتي عن كلّ ما رأيتُ، وحملتُ معي "ربّما" ما أحتاج إليه فقط.

بالمناسبة، لم تَختبئ جدّتي في خيار شوال الرمل طويلاً، فلقد أكلها الروماتويد وماتت سريعاً.

حرفٌ مُتوارَث

أنا حرف (أ) على لوحة المفاتيح، تعِسٌ لأني أتيتُ إلى هنا، فأصدقائي وُزّعُوا على حواسيب أخرى في بلدان أخرى بالتأكيد. أما أنا، فلحظي التعس جئت إلى هذا البيت، وقعت في يد هذا الرجل بالتحديد، الذي يدعو نفسه كاتباً، ولا يفتر ينقر على رأسي، يضرب ويضرب، ما بين كلمات "أنا".. نعم هي كلمات وليست كلمة واحدة بالنسبة له، يكونها متى شاء وكيفما شاء.

يقضي الليل كله في رواية لا أظنها تهم أحداً يقرأ، وبين الفينة والأخرى ينقرني بقوة، فأنضغط لأسفل، حتى أظهر فوق الشاشة المضيئة، همزة شامخة تخصّ أناه.

أحياناً يكون مدعوّاً للعشاء خارج المنزل، فينساني قليلاً، أحاول وقتها النهوض بشموخي المثالي، أستعيد قوتي قبل أن يعود، فيدكّني مرة أخرى فور رجوعه دون رحمة.

أنا، أنا، أنا... أنا... أحمد الله أن لم أكن حرفاً في لسانه أيضاً، وإلا استهلكتُ تماماً وفررتُ من مكاني إلى آخر الحروف.

ذات يوم، جرّ طفلُه الصغير لوحةَ المفاتيح، فسقطتُ على الأرض، وتكسّرت اللوحة، وتبعثرنا، لم أفق إلا وأنا أتدحرج بعيداً حتى سقطتُ في صندوق لعب الطفل.

طالت الأيام، ويبدو أن صديقنا استبدلنا بحروف أخرى فوق لوحة مفاتيحٍ جديدة، لأنه لم يبحث عن أيٍّ منا.

حمل الطفل صندوق ألعابه، وأفرغه أرضاً. عثر عليّ بسهولة، فكنت بالنسبة له شيئا غريباً صغيراً مسلياً. أطبق يديه عليّ، وظللت بين أصابعه طوال النهار، يبللني من لعابه؛ مما جعلني أختنق أكثر بالقبضة والماء.

اكتشفتْني أمه وهي تنظفه قبل أن ينام، أمسكت بي، فظل الطفل يصيح ويبكي، فتحتْ أصابع يده بقوة، وقالت:

"بمَ أنت مستمسك؟ همزة (أ) أنا مجددا؟".

فأخذتني ورمتني وسع ذراعها من شباك المنزل، قبل أن أصبح إرثاً أو شبحاً يطارد طفلها.

يدان تُفلِتُهما الكواكِبُ

قالوا إنّ الأشياء الجامدة والهامدة والمهمَلة، كانت روحاً حيّة في كوكبٍ آخر، وبعد انسلالها من روحها تحوّلت من الحالة اللا معروفة (الروح)، إلى الحالة الصلبة، فكانت الجماد على الأرض.

أخيراً همدَتْ يدايَ للنهاية، لن ترتفعا مرّةً ثانية، لن تعانقاه، لن تحتضنا كتفه الصلبة. على الرغم من همدان قلبه، فإني أشعره ما زالَ نابضاً ثائراً متنفّساً، يقول لي: هيا يا رفيقتي الوحيدة، لملمي بعض أغراضي بين حضنك، ستُقلع طائرتنا اليوم.

وفي ثوانٍ قبل أن يُحكِمَ غلقي، ويحشوني بأغراضه القليلة، وكُتُبه التي كنتُ أغار عليه من صداقته لها، لا ينسى أن ينقدني بعض أثمان الغُربة الباهظة، فيضع عُلَبَ دَواء قلبه في جيبي الخارجي، إلى جانب ظرف القهوة المفضّض اللامع، إلى جانب "دا فيدوف هورازيون اكستريم" عطره المفضّل.

ستحسبه حبيباً أو جاراً أو صديقا أو نديماً أو قريباً مع أول ثانية تراه فيها، فلابتسامته نضارة السعادة، يعانقك بقلبه وهو

يتعرف عليك للمرة الأولى. رغم رَغيف عُمره الذي تآكل، تجد الغصّات بجوفه غير مهضومة، كان يبتلعها طيلة هذا الوقت، كنتُ أسمع صوت نزولها به، حيّة صحيحة، بل كانت تغوص لتطفو بقلْبِه، لتتطفل على الحزن السائح بالطريق ذهاباً وإياباً.

لا يجد مكاناً في بلده يؤويه، ولا من يعود إليه؟

في جيبي الخارجيّ أيضاً، خطابات تضجّ بالحنين، والتأزّم المذرور على وجه الكلمات:

"إلى وَلَدي الحبيب، أبوك ما عاد يحتملُه السفر، ستأتي ساعة يلفظني فيها الطريق، عُدْ مِن بلادك الأجنبية وظلّلني يا بني. ماذا بعد دراستك؟ لمَ تريد أن تستمر على حالك، ألم يصعب عليك حالي؟

كلّ الجمود الذي أصْطَنِعه هو فتات الأيام، ولكني هشّ بوِحدتي، وبمرضي.

سأنتظر منك ردّاً، لا تُطِلْ عليّ.

صحيح، لقد أرسلتُ لك قبل أيام المبلغَ الذي طلبته.

أخبرْني بمجردِ وصوله".

كانت هذه آخر رسالة كتبَها له، ومن مدّة طويلة كانت رسائله أحاديّة الطريق، لا تعود برَدّ شافعٍ يَجبرُ علّته، ولا بصمتٍ قابعٍ يتركه لوحدته، بلْ كان ابنُه من وقتٍ لآخر يُرسِل له، طالباً مصروفاتٍ مبتدَعة الحجة، في كلّ مَرّة.

همدتْ يداي ويداه، بعد أن أَسْقَطَني غيرَ مُتعمّد، وضع يده شِمالاً جهة صدره، وظلّ يبقبق بفقاعاتٍ هوائية، وكأن يداً أخرى بداخله تثّد شهيقه إلى أسفل، فلا يستطيع التنفس.

حاولتُ أن أرفع يديّ لإنقاذه بأية طريقة، ولكنّي كأيّ حقيبةٍ لا حول لي ولا قوة إلا بحمْله أو بتحريكه لي.

وجدتُ يديه تهبطان، تتوزعان على جانبي جسده، ترفّان مثل جناحين بكلٍّ منهما ريشة وحيدة، تنبسطان بعد عناء التحليق.

حاولتُ، وحاولتُ، وندهتُ عليه، بملء خوفي، وظللتُ أتحرك في مكاني ربما نجحتُ في سكْبِ عطره على الأرض، ليشمّه فيفيق. ولكني كنتُ واهمة أني أفعل ذلك، فواقعاً لم أكن أنده، ولم أكن أتحرك، ولن أحرّك ساكناً، فلقد كان لديّ خيارٌ وحيد قبل ذلك، وقد استنفدته.

خيار الماضي

العجيب أني لا أتذكر ما كنته في الكوكب الآخر، ولكن بعض الأحاسيس ما زالتْ متعلّقةً بي. ستظهر نوباتُها كلَّ فترة، أسْتشعرُها ولا أستوضح مُسمّاها.

ربّما تحرّكتْ بي كلما تَشابَهَ حَدَثُها مع حَدَثٍ يَحدثُ في لحظتها!

أحاول استدراك الروح، والتقاط النجم العابر بشُحْنتي حين

انفعال. أكثر ما أكون عليه بصفتي "حقيبة"؛ أنني أبكي بفطرةٍ حينما تريد يدايَ احتضانَ كتف صاحبي، ليَحْمِلَني معه ولا يتخلى عني فتأخذه الطرقات إلى حيثُ لا أدري.

صندوقٌ أسود

في المساء وحيدة، أتفحص ما يظهره لي صندوقي الأسود من خيارات، وأتأمل..

ربّما كانت يداي يديْ أمٍّ لطفلٍ فرّقتنا قوى الحَرْب، فحاولتُ احتضان كفّه من بين ثقوب السلك الشّبَكيّ، كيف لروحٍ أن تتسرّب من بين تلك المربّعات الضيقة الجارحة، في حين أن محاولاتها تبوء بالجرح والفِراق؟!

ربّما كانت يداي يديْ فتاة احتملت بَتر شريانها، فلم تعد تحتمل آثام المجتمع الواصل بدمها!

ربّما كانت يداي يديْ زوجةٍ فتحت بيدها علبة السمّ وسكبت قطرات متلاحقة بأنفاسها مع قطرات السم اللزج، حتى ضلَّ قلبُ زوجها طريقَ النبض، فبدأت بالهدوء والارتياح؟!

أحاول مليّاً استرجاع روحي وخياراتي المتاحة من ذلك الصندوق، فربما كنتُ أيضاً جماداً ذا روح؟!

هل كنتُ يديْن لِلُعبة "بلاي استيشن"، أشتهي الفوز فأتحرك بليونة مع طفلٍ يحرّكني وأذهب به في متعة الوقت والانتصار؟ ربّما كنتُ يدي كوبٍ صغير، كَبِر طفله ونَسِيَه.

وربما.. نعم، نعم، لِمَ لمْ أكن يدين رخوتين لأخطبوط بين إخوةٍ آخرين، يسبح بهما في البحر كما أسبحُ الآن في الملكوت؟

والأرجح من بين الاحتمالاتِ، أن يديَّ لمْ يَكتمل نموّهما، فكانتا لجنينٍ انزلق تاركاً توأمه ينمو براحته.

وربّما أنا يدان لمقبض بابٍ واحد، أحدهما في الوجه والآخر في الخلف، متماثلان، متطابقان، لذلك فهما متنافران، أحدهما للدخول، والآخر للخروج، وفي ذلك حكمة الحياة.

الأهم أني الآن لا حول لي، هَأَنَا هامدة إلى جانب يديْ صديقي، أحاول الاقتراب منهما لِلَمْسِهما للمرة الأخيرة، أو خطّ جواب أخيرٍ لولدهِ الجاحد، قبل أن يأتي بعد انفجار جسد أبيه، الذي سيفتح له خياراتٍ أخرى في هيئةٍ أخرى في كوكبٍ آخر.

في بريد الفراغ السابع

الرسالة السابعة:
(في ظِلِّ سِرٍّ)

ظلّ ريش

كنتُ مدلَّلة عند أبي كثيراً، حاكمة على عرش قلبه، وكنتُ أستشعر أن حبه لي يفوق حبّه لأخوتي، لذلك كانت فكرتي عن الأميرات أنهن فتيات يحببهن آباؤهن كثيراً.

كان أبي دوماً يقول: إياكم أن يغضبها أحد، إياكم أن يضايقها أحد.. فتنتصر روحي ويفرح قلبي، وتُزرع ريشة طويلة ملونة فوق قبعتي، من تلقاء نفسها.

مرّت الأيام، وإحساسي بأني مميزة غير كل البنات؛ يزداد، كان أبي شابّاً وسيماً، فتيّاً عريضاً، عالي الصوت في الحق، جميل الخلق، وكان له باع حب في صدر كلّ من يقابله.

وأنا لم أكن ككل الأطفال في صغري، أو هكذا شعرت، كنت أعيش ـفقطـ لأني خائفة من أن يموتَ أبي.

طيلة سنوات طفولتي؛ بينما كنت أنتصر بوجوده، حاولتُ الحفاظ على ريشاتي الملونة التي كانت تزداد يوماً بعد يوم في كل موقف يُجبَر فيه شخصي بوجود أبي.

في المدرسة بين صديقاتي، في كل المواقف الصعبة، عند تعرّضي لألمٍ نفسي بالغ، أو مشكلة لا أستطيع حلّها، أو حتى عند احتياجي لحنانٍ ينفُضُ عنّي فكري قبل النوم، كنتُ أرفع يدي بسرعة؛ أتحسس قبّعتي والريشات، أرفع رأسي قليلاً لأعلى، فأجد ظلَّ الريشات وهي تهفهف على وجهي، ولونها ينعكس عليّ يميزني بلونٍ برّاق ومختلفٍ عن لون البشرة الطبيعي، فأظهر في عيني مثل بلورة، أتذكر فوراً أني أميرة عليها اجتياز مشكلتها بلياقة.

هكذا كانت حياتي مرهونة بوجود أبي، وحنانه. ولأني كنت أعرف أنه لن يدوم لي أو أني لن أدوم به، تجاوزتُ مرحلة تلمّس الريشات، إلى مرحلة الحرص عليهن، فقبل أن أغفو أفتح خزانتي التي خبأت فيها القبعة، وأعدّ الريشات، وأظل أدعو وأرجوها أن تكبُر وتطول.

خفت على ريشاتي، فما عدتُ أخرجها من خزانتي أبداً، في البداية كنتُ بلا ظلّ، ولكني تعودتُ على حرّ شمس المواقف. وبداخلي كنت مطمئنة لأن كنزي أخبئه وأحافظ عليه.

سرت في الحياة الطويلة، بلا ظلٍّ أبداً، ولم تعد ريشاتي تنمو أو تستطيل، وأصبحتْ كلها بلونٍ واحد، بعد أن مات أبي.

مشيت في الطرقات أعرف أنّ لدي ريشاتٍ وكنزاً كبيراً، وأردد ذلك بيني وبين نفسي، ولكن وحدي من كان يعرف السر.

الآن بعد وقت طويل، مررت فيه بالكثير من الأصياف الشديدة، والأجواء المرعبة، والصحراوات القاسية، بكيتُ في كل موقف، كنت أرفع رأسي قليلاً ولا أجد الريشات، وإنما قناعتي أنني ملكتها يوماً وما زلت أمتلكها وإن كان سرّاً، أحاول أن أمرر به أزماتي بصعوبة.

رقّ قلبي لي، وألحّ عليّ شعور بأن أفتح خزانتي وأستعيد بعض مُلكي منها. فتحت الخزانة، وبكلمات السرّ التي ما زلت أحفظها جيداً قلتُ:

"أوحشتني يا بابا.../ ابنتك الأميرة".

فُتحت الخزانة فلم أجد الريشات!

الآن؛ بعد أن حاولت التأقلم مع صدمة ذوبان الذكرى، ابتسمتُ من أجل أطفالي، ذهبت بهم واشتريت لهم قبعاتٍ بعددهم، وجعلتُ أحضنهم وأقبّلهم كثيراً، لأزرع لهم ريشات يستظلون بها ولو لفترة قصيرة من بعدي.

عروسُ الشفاء

مِن ثُقْب عيني خرجتْ عبير بنت حلاوتهم، ومِن ثقب عيني الأخرى خرجتْ كاميليا بنت سعاد، ومِن ثقب أنفي خرج "الواد" سعيد البقّال، ومن ثقوبٍ متفرقةٍ برأسي وجسدي خرج عماد بن أنور، والأستاذ رفعت ابن أمينة، وهويدا الخرسا و"البت صبحية بنت اللي ما تتسمّى"..

تذكرتِ الْجدّة بعضَ الأسماء، وبعضها كانت تتلعثم فيه ذاكرتها فتنعته "باللي ما تتسمى".

وكان مصطفى راقداً على سريرٍ، تجلس بجواره على طرفه. تُقسِم على الله أن يشفيه، فتعيذه بحوله وقوته وترقيه، وتثقب جسدي الورقيّ بإبرة سميكة؛ وكأنها تثقب العين الحسودة الحقودة نفسها، تصنع بي فتحاتٍ عديدة يعبر الشر من خلالها إلى الفراغ فيتبدّد، أو يعود على الحاسد فيصيبه بما فعل، وتنقلب عليه عينه.

وبالفعل كنتُ أهفهف بين يدي الجدّة المرتعشة، يعبرُ مِن خلالي الهواء الساخن الذي رفعتْ حرارتَه حرارةُ مصطفى المسكين.

لا حيلة لهم إلا أنا؛ عروسٌ وَرَقيّة، يصنعونها بثْنيَ ورقةٍ بيضاء باليد، ثم عمل متعرجات وقطعها بالشكل النهائي، لتظهر أخيراً بشكل رأس مفلطح وفستانٍ ورجلين ملتصقتين.

لم أكن أعلم مَن الذي نالت عينه من جسد مصطفى؛ الولد الجميل بشعره الأسود الكثيف، ذو السنوات الستّ. أطرافه قطعٌ من ثلج، وجسده موقد من نار، وكنت سأقدّم أيَّ شيء من أجل هذا الطفل الجميل.

ينتفض فتنتفض الجدّة أكثر، وتلاحق بأنفاسِها أنفاسَه، وتسارع بيدها لتلاحق بقية أسماء الحي بين الثقوب. وما إن تنسى أحداً حتى يلحقها مَن حولها باسمه، فتذكره بثقوبٍ أخرى.

يُطرقع البخور في مبخرة جانبيّة من الغرفة (الشبّة والمستكة واللبان الدكر وعين العفريت)، فتصلي الجدة على خير الأنام وسيد البشر والعالمين سيدنا محمّد صلى الله عليه وسلم، والجميع يُكمل حلقة الذكر بصوت مرتفع، ويرد عليها الصلاة، ويُؤَمّن على دعائها.

ينتفض مصطفى، وكذلك حبّات الشبّة في المبخرة، وتتصاعد الرائحة تملأ لَوْحتي الرئة لكل الجالسين، ولا بأس فهم معتادون على ذلك.

تزيد الجدة من سرعتها أكثر، وتبدأ في تمرير جسدي المثقوب المتهالك على جسد مصطفى مراراً وتكراراً.

ثم بجمرةٍ من المبخرة المتقدة، تصل طرف فستاني فيشتعل، أنظر إليه في خوف، ولكن ما هي إلا ثوان، حتى يشتعل فستاني كله، ثم جسدي متهادياً كرمادٍ يطير إلى أرض الغرفة، وإلى دخان يتّحد مع دخان المبخرة.

لو أنها أبقتني إلى جوار هذا الولد الجميل لمدّة أطول! فقد كنتُ أريد الاطمئنان عليه، قبل أنْ تنسحبَ روحي من وَجه السقف بين الشقوق.

الروحُ في الصدى

المكان هنا طويلٌ يُشبه الأبد، مبالغٌ في اتّساعه، لا أعرف ما الذي يعود على ساكنيه من نفعٍ وَهُم يتواصلون بالصدى.

قد تسافرُ جملةٌ من أحدهم للآخر أياماً زاجلة، فالصوت يعرف مَن المقصودُ به، يَحمله رَنينه هادفاً الشخصَ المقصود.

ما الذي جاء بي إلى هنا؟ كانت تقول لي أمي دوماً أنني طويلة البال جدّاً، فكأني مَدَدْتُ انتظاراتي وَهَبَطتُ على حبالها، إلى أن وجدْتُني في هذه الحفرة!

هذا فندقٌ ربّما، ولكن أيُّ نزلٍ هذا الذي يستجمع سكان الأرض أو أكثر منهم؟

ربما هو متجرٌ ضخم، يَقصدُه هؤلاء للحصولِ على شيءٍ نادر لا يتوفر خارجَه؟

لِمَ لا أفكر في كَونه كوكباً آخر، ولكنه يحضن ساكنيه في جوفه؟ هذا يُحمسني لتلك التجربة الجديدة التي تجعلنا نعيش في أسطوانة، أكثر من التمدّد على سطح كوكبٍ يضيق بنا.

أراه قصْراً، فأنا لم أرَ مثله في حياتي!

لبريقه سحرٌ يجعلني أتسلقه بطولِ بال.

الطابق الأول

هذا مكانٌ أوسع من القوانين، كلّ القيود التي تُطبق على صدرك، يُمكنك فكّها بمجرّد دخولِ هذا المكان الذي تملؤه المرايا في وجوه جدرانه.

لا، لا أعرف، إن كانت هذه مرايا ملصقةً بالجدران، أم أنّها جدران من المرايا في الأصل، أم هي بالفعل جدرانٌ؛ من فرط حبها لنفسها أرادتْ أن ترى كل الزائرين مطبوعين في نفسها؟

الجميل أنّي أمرّ عبر هذه العاكسات الزجاجية، لأجد نفسي تتفاقم مع السّعة.

أزداد وكأنه لا يوجد غيري في المكان، فأحبّ ذاتي أكثر مثل حب الجدران لذاتها!

الطابق الثاني

هنا! لقد صعدتُ بسهولة من طابق لآخر، وكأن الأمر كلّه قفزة في الهلام، صعدتُ بِمَدّ رجلي خطوة واحدةً في الهواء، لأجد نفسي وكأني أقفزُ نحو الأعلى وأرتقي للطابق التالي!

واه! ما هذا الصفير الرقيق رفيع النغمة، الصادر من مسام الهواء؟

دخلتُ، ولكنّ الجدران كانت مصمتة هذه المرّة، لم أرَ نفسي، ولكني سمعتُ صوتَ الريحِ الذي ثقبَ رئتي بنعومة وغرور في الوقت ذاته!

صوتٌ يشبه اللونَ الأصفر، نغمة ثابتة، ولكنها عندما ترشق القلب، تتذبذب، وكأني أفهمها وأهمهم بها.

الأجمل أني على كثرة ساكني هذا القصر، لم أكن أجد أحداً غيري في كل طابقٍ أصعده!

أين الطوائف التي كانت تموج أمامي من بعيد؟ أجول بعيني، فلا أرى إلا ذاتي تكبر مع كل فكرة، وكأنه ليس إلا أنا في ملامح المكان.

لا بأس، لمَ لا أستمر في استكشاف الغموض الذي يقفل عين الحقيقة للآن؟

بخطوة أخرى، وكأني أقفز، أرفع رجلي؛ أحركها في الهواء، فأجد نفسي بالطابق الثالث.

ولكن لحظة أخرى! لقد لحظتُ شيئاً، وهو أنّ الطابق الثالث لم يكنْ موجوداً أصلاً، فعندما هممتُ بالصعود، نسيتُ لوهلة أنه لا طابق تالٍ. وكأن هذا الزخرف المبهرج، والخيال الذي أحياه أنساني ثبوت الحقيقة، فصعدتُ مع كذبة أخرى، مع ظهور الطابق الجديد فجأة، وحينها تذكرتُ كلَّ شيء!

الطابقُ الثالث

العالم هنا يكبر عن حياة، ويتمدد مثل مجرّة تلفّ هدية على هيئة كوكبٍ للسماء.

الجوّ فعلاً أزرق، الغيوم مثل لُعَبٍ منشورة.

بيقين، أتحسس بقدمي العالمَ الأزرق، إنه ماء!!

ماء؟ نعم وها هي المراكب، بمثلّثاتها الصغيرة البيضاء تنتشر في العالم.

تسبح أمامي وفي عقلي إلى أن تنسحب كلّ هذه الأشرعة.

لا صوتَ للماء ولا بَلَلَ! قدمي جافة ولكن قلبي نديّ بهذه اللوحة الحقيقية!

الماء من أمامي يبدو بلا آخر، النهايةُ كأنّها لحظة مَعِيشةٌ في حياتيْن.

يُذهلني الأزرق، فأمشي به وأنسحبُ وأنجرفُ، وربّما أغرق، ولكن من فرط سعادتي، لا شيء يملأ رئتي سوى هوس الحب الكبير.

الطابق الرابع، الطابق الخامس، الطابق السادس...

مررتُ بكل الطوابق، والعجيب أنني في كل مرة كنتُ أرتقي فيها، يُنتِج خيالي طابقاً آخر أصعده!

وكأن الطوابق عدد لا نهائيّ، لو قضيتُ حياتي هنا، لما أتمّ عددُ أيامها عددَ طوابق هذا القصر العظيم!

المغامرة جيّدة وغريبة، ولكنها تحدث مثل دوّامة، تجرفني لأعلى، أحياناً أفكرّ فيمَا عليّ أن أفعل إن أردتُ الهبوط.. وأحياناً يبدو الأمر ضبابيّاً لا أجدُ فيه سوى المتعة اللحظية.

أريد الهبوط، والعودة إلى حيث كنت، أين المخرج؟ وأين كلّ نازلي القصر، ألا يساعدني أحد؟ أراهم متقازمين من بَعيد، ولكن عن قرب لا أرى سواي في المكان. والعجيب أني قرأتُ جُملةً تركَها أحدهم فوق إحدى مرايا طوابق القصر؛ تقول: لا أحد هنا سواي! إذنْ كان هنا أحدهم.

بدا المكان لي عالياً، وأنا أخاف المرتفعات! يكبُر رأسي أكثر من اللازم، وعلى الغالب هذا يحدث لكل الموجودين هنا!

تعوّذتُ بالأمل، فسقطت في احتمال لا يساوي الزمن، ارتطمتُ بالأرض دون أي وجع، مع أن هذا ما كنت أخشى منه.

ركضتُ باتجاه المخرج، أو المدخل الذي دخلتُ منه، فوجدتُ الأرض تلتصق بقدمي، ولكني شددتها بصعوبة وتخلصتُ منها بأعجوبة.

وصلتُ لأول شعاع شمسٍ على الباب، تعلقتُ به، في رفع عيني لأعلى، رأيتُ مكتوباً على باب القصر المزخرف الضخم:

"كوخ الحقيقة أفضل من قصر الوهم".

الفهرس